珍藏版

董竹君

一首激扬的命运交响曲

墨 三◎著

北京燕山出版社
BEIJING YANSHAN PRESS

图书在版编目（CIP）数据

董竹君：一首激扬的命运交响曲／墨三著.
—北京：北京燕山出版社，2017.4
ISBN 978-7-5402-4455-2

Ⅰ.①董… Ⅱ.①墨… Ⅲ.①董竹君（1900-1997）
—传记 Ⅳ.①K825.38

中国版本图书馆 CIP 数据核字（2017）第 055873 号

董竹君：一首激扬的命运交响曲
作　者　墨　三
责任编辑　王　迪
设　计　张合涛
责任校对　史小东
出版发行　北京燕山出版社
地　址　北京市西城区陶然亭路 53 号
电　话　010-65243837
邮　编　100054
印　刷　河北信德印刷有限公司
开　本　880mm×1230mm　1/32
字　数　177 千字
印　张　9.25
版　次　2019 年 1 月第 1 版
印　次　2024 年 5 月第 2 次印刷
定　价　46.00 元

前　言

　　董竹君是 20 世纪的传奇，是一位令人敬佩的民国女杰，其人正如其名一般坚韧而耿介。

　　有一种坚韧，走过红尘万丈，一抬头仍旧傲然于世。

　　有一种赤诚，闯过滂湃汹涌，仍不停止前进的步伐。

　　她的独立，她的信仰，她的事业，乃至于她的苦难，成就了她一生的辉煌与传奇。

　　她生于晚清，行走在上海滩，着一件戏服，指尖轻弹，歌一曲低回婉转。她从堂子卖艺女到督军夫人，用的是胆识与才智；她从督军夫人到著名女企业家，用的是练达与睿智；无论是执着于孩子的教育发展，还是投身革命事业，她以她的赤诚和笃定，闯出了妇女的一片天！

　　董竹君的人格魅力体现在她的智慧与美貌上，不但人生得美，而人生亦是过得美。她一生之中所有的美，都是靠她所付出的苦与善去收获的。

她的人生很长，长达近一个世纪，经历了繁华，也历尽了贫困灾难。在那个英雄才人辈出的年代，她恍若风雨飘摇中的一棵竹子，以特立独行的性格在风景中留下独立的印记。正如她自己所言："我从不因被曲解而改变初衷，不因冷落而怀疑信念，亦不因年迈而放慢脚步。"

董竹君曾在那个男尊女卑的旧社会被人尊称为"董先生"，她靠着自己的能力在社会上立足，从不依附于家庭，也不依附于任何一个人。

小时候她是十里洋场中贫困的一员，为了孝道投身堂子卖艺，后在她一低头的温柔中感动了那个辛亥革命的英雄夏之时。夏之时倾心于她的美貌与智慧，而她则仰慕他的赤子丹心。本是得此良人更复何求的美事，可她却不是那种满足于相夫教子的女人。

董竹君为求独立以及孩子的教育发展，毅然地逃离那个封建大家庭，带着双亲和女儿独闯上海滩。

鲁迅先生曾研究过"娜拉出走"的结果，一则堕落，二则回来。在当时那个社会环境之下，出走的娜拉必定没有什么好结果。可董竹君以她的坚韧战胜了坎坷，以胜利者的一生开辟了娜拉出走的第三条道路，那就是自强不息，自力更生，闯出一片新天地。

风云诡谲的上海滩上行走着各色各样的人，董竹君在上海滩创业谈何容易。无论是奔走异国招商引资，还是企业不幸毁于战火，更甚是双亲病故，这些几乎让她到了走投无路的境地。

绝处是风景，历经磨难之后，她创立举世闻名的"锦江"二店。创业成功之后，她一如既往地积极支持革命事业，尽心培养孩子，最后全国解放，时代发展，她成为近代企业家，中国女权运动的先驱，连续七届全国政协委员。

有人把她比作烟花，可她比烟花还绚烂；有人把她比作梅花，可她比梅花还坚韧。她用竹子的坚韧、梅花的不屈不挠，打造了传奇的一生！

董竹君走过近一个世纪的跌宕起伏的一生，可她对人生的坎坷从来没有怨言。在乱世之中，她谋爱亦谋生，成就了自己，也成就了女性的楷模。

第一章

民国风云局中人

泸上人似月

清朝光绪二十六年（1900 年），这一年正值庚子年，可在百年回望间，中国并没有开辟出一个辉煌的新时代。战火纷飞之中，家国深陷大患，内外矛盾日益激烈，未来在何方？

乾坤一念间，岁月又一遭。那年正月，风雨带霜披雪惊满路。新的一年，没有屠苏酒就着红泥小火炉的惬意，亦没有年糕含莲的清香，有的是料峭的寒意以及梅竹覆雪的不屈。

正月繁霜，民心则忧，这天地之间，若国不安，哪有家的喜乐呢？

寒风肃杀的正月，腊梅缀霜绽放，其洁如玉，其质倔傲，而董竹君就在寒梅绽放的时节诞生于上海。上海，被称为魔都，亦叫东方巴黎，董竹君就在天寒地冻时，诞生在一个充满希望也是一个充满绝望的地方。

晚清战火纷飞时，董竹君的父亲董同庆为了生计从江苏南通赤手空拳闯入上海滩，用他健壮的身体，一身的力气去拉黄包车营生。如若他们家生活好一点，也不至于每日汗流浃背还要担忧明日的生计；若是董竹君生于富贵之家，也不至于年幼就尝尽人间艰辛。

谁家的女儿不想被富养？同时代的林徽因和陆小曼等，不正是富养出来的才女？一个荣登建筑界，才兼诗意；一个踏入名流，身负画意。无论是附庸风雅还是寻一生志趣，有的人一出生，机会就在那里。那么，没有被自小富养的董竹君又是怎么完成一世传奇的呢？

董竹君，究其一生，确实是人如其名，如竹般具有笑迎风雪的坚强，她进取并乐于奉献。如果说竹的天质给了她人格的力量，那么她就是对竹完美的诠释。

然而，她本不叫董竹君。她的母亲大字不识一个，父亲识字又不多，当时并没有想到"竹君"这般高雅的名字。她小时候，名字叫毛媛，她的父母唤她阿媛。

阿媛、阿媛，可是愿她长大后聪慧美丽？不能生于富贵之家，双亲还是希望她能凭着美丽的外表过上富贵喜乐的生活，不必日夜为生计忧心忡忡，也不必受人差遣，可自由独立。

但是，名字的改变只是她人生轨迹变动的见证，并未能给她的人生带来不劳而获的机会。

董竹君幼时家住上海洋泾浜边上、沿马路坐南向北一排的破旧矮小平房中，住处环境异常糟糕。她所居住的地方，有一条臭水浜，那如墨般黏稠的污水，到了夏季，则臭气冲天。附近不但有死猫死老鼠，亦有盖着草席的婴儿尸体，惨不忍睹！此种记忆，让她在以后的生命中，亦不敢忘记自己是从贫民窟走出去的，为此，她比常人多了一份坚韧。

董竹君自幼就知道，她生于贫困之家，她的父亲靠拉黄包车为一家奔走生计；可她也知道，父亲在她心中是一个英雄，他忠厚善良，性格和蔼，克勤克俭地一直在为这个家努力着；而她的母亲，虽然脾气急躁，受不了一点委屈，可她生性勤俭，性格直爽，更为了这个家，给有钱人家当"粗做"（即干洗衣服、擦地等杂活）的娘姨（过去对保姆的叫法），拼命干活解一家温饱。

一个家庭的影响对一个人的成长至关重要，董竹君有为家艰苦拼斗的双亲，即使在生活的压力下也没有放弃拼搏，而是一如既往地终日劳作不息。在此种家庭氛围下，董竹君自幼便学会为双亲分忧，而她往后独闯上海滩的毅力与勇气，也是与此分不开的。

在人生低谷时不放弃，奋而向上大抵如此。可在董竹君年幼的经历中，除了环境的艰辛，其他的经历更如针般刺在心间！

在内忧外患的社会环境下，贫穷人家的日子，大多是即使拼命干活，仍得不到温饱。

董竹君曾有一个妹妹和弟弟，但由于生活窘迫，两个孩子出生不久便夭折了。她还记得，那年初夏，没有繁荫森森，有的是污水的腐臭。狭小的屋子闷热异常，年幼的她抱着仅四个月的弟弟走出房门到屋檐下来回走着。

屋檐下还有几丝微风，可她的弟弟就是哭啼不止，她从未想到，她的弟弟就在她怀里停止哭闹与呼吸了。她惊恐地大叫，她的母亲如同祥林嫂失去孩子阿毛般重复着，"吃奶的孩子，哪怕没有奶吃，身上还是有一股奶花香，屋檐下有野鬼，闻香味就把孩子抢走了。我掷碗碟是为了吓野鬼，抢孩子，有时候很灵，鬼闻碗碟声会吓跑的，孩子也会转过气来。"

可是，董竹君年仅四个月的弟弟并没有回魂，任凭她们如何痛惜！因为生活困窘，缺乏营养，孩子没有奶水喝。因为饥饿，那么一个小生命就消失了，董竹君年幼的心灵意识到，贫穷真的很可怕。

后来，董竹君一家迁居五马路，为了节俭，他们搬到更便宜的房子里。小小年纪的董竹君，每日都会帮她的母亲做家务，擦桌扫地、买油盐酱醋样样上手。

一天当中，烦琐劳累的家务活是无论想做或不想做都必须要做的事情。但一日当中还有那么一件值得她期待的事情，那就是日日站在门口，就着黄昏的霞光等候父亲的归来。

日落之后，有时是伴着昏黄的霞光，她那个梳着辫子的父亲，臂上搭着一条擦汗的毛巾出现在她的视线中。她知道，若是他手里拿着稻草绑着的一点菜、肉或一瓶高粱酒的话，那他这一天定是拉黄包车赚到了一点钱；若是他两手空空而归，则连当天的开支都拿不出。

每日，董竹君都祈求她的父亲能赚钱回来，那么她就可以活蹦乱跳地迎上去帮父亲拿下酒菜。可很多时候，父亲都是沮丧地板起面孔唉声叹气，叫喊着："今天倒霉，又犯了交通规则，让巡捕把坐垫拿走了。跑了一整天，车租都交不出，真倒霉！"

董竹君经常听见母亲一边埋怨父亲，一边又安慰父亲。穷困人的日子自然少不了叫苦连天，可在埋怨世道不公之后，还是得咬紧牙关一直往前走。

"有美一人，清扬婉兮"，是对一个女子极大的赞美。或许没有闭月羞花之貌亦没有沉鱼落雁之容，却美得恰到好处。

董竹君年幼时被人称为"小西施"，上天没有给她一个富贵的出身，却给了她一副清秀姣好的容颜。

小时候，她爱美，喜欢用绒线扎辫子，可她的母亲给她梳头时却用红粗头绳给她扎头发。小小年纪的她就知道，粗头绳扎的头发又硬又翘，不舒服；头发梢留得短短的，显得非常不合时宜也不好看。

每每这个时候，她都噘嘴反抗。可是她的母亲却以绒线经常要买，要花钱的理由拒绝她。为此，董竹君曾赌气反抗，跑去姨母家住几天。

反抗意识，一直存在于她心里，并在不知不觉间展现。

知识改变命运，这句话你相信吗？反正董竹君的双亲是信的。那时，他们困窘的生活并没有改变，可他们还是决定让董竹君入学堂读书识字。

他们虽处于社会下层，但是生活却让他们知道不读书没有出头的日子。而董竹君虽为女孩，却聪明伶俐，美丽懂事，送她去读书，或许以后还能往上流社会走，嫁个好人家，那么他们的日子也会因此而得以改变。

清光绪三十二年（1906 年），董竹君时年六岁。她的双亲把她送到附近的私塾念书。在那个时候，念书的学费对于他们贫困的一家来说是一个大问题。虽然私塾的刘老先生不在乎学费给多少，总是有钱的多给一点，没钱的少给一点也可以，但是董竹君双亲为了让她安心读书，总是按时设法凑钱交学费，哪怕是借债。

在私塾的那段日子，是董竹君年幼时最欢乐的时光。即使生活有忧有虑，可对于一个年仅六七岁的孩子来说，这世间还是可爱得很。

上学的时候，每天清晨，阳光洒入狭小的房间，会带来斑斓的光线。在睁开眼睛那一刻，她眉眼之下总是带着一丝紧张一丝期待。在撩起帐子的时候，她总是习惯性地摸摸，若是摸到母亲留给她的小零钱，那么她就蹦蹦跳跳地一番洗漱后，背着小书包跑去马路边买上白糖芝麻心子的糯米粢饭团，里面再夹根油条，把它揉压紧，开心地大咬一口，真是又香又好吃。

读私塾的时候，除了学习之外，董竹君最喜欢的就是闹学。她小小年纪，顶顽皮了。

对于私塾的一切她都喜欢，包括那个秃顶的老举人，他矮胖的身材，留着长胡子、小辫子，长袍马褂的模样着实让她印象深刻。

那时候的私塾老师可是会打手心的，若是上课没能配合老师的步骤，就等着老先生磨刀霍霍拿"戒尺"打手心吧。可在老举人的规矩之下，还是有小学生在暗地耍小伎俩。一如董竹君，她可是闹学堂的头号人物。

老举人一边吩咐学生背书，一边吊着鼻涕打瞌睡。就在这个时候，小小的董竹君则带头拿着抽水烟袋点火用的长纸捻成一条，偷偷戳进老举人的鼻孔，害老先生忙打喷嚏，座下同学则哄堂大笑。

待老先生惊醒，座下学生则故作摇头晃脑地背书。老先生知晓这帮顽皮鬼在耍闹，可是他很爱学生，且脾气极好，仁慈至极，因此很少会体罚他们。可有的时候，脾气好的人，并不代表不会发脾气。

当老先生有事出去，回来时看到一帮小鬼闹翻天，有的学生还打起架来。这时，老先生就会严惩他们。"戒尺"打过的手心，辣痛发红，可每每这个时候董竹君总能逃过老先生的惩罚。

有时候，并不是她机灵，而是因为老先生怜惜她聪慧。

看着她灵动的眼睛，仿佛能让人看见希望。或许，她将能走出贫民窟。

后来，当董竹君失去就读私塾的机会时，她曾后悔，若能重来，定会安分读书，不闹学堂。

她为何会后悔呢？在她豆蔻年华里到底发生了什么事情，让一个纯真懵懂的孩子欲哭无泪？

娉婷十三余

宣统元年（1909 年），董竹君时年九岁，正值总角之年。小学堂里声声朗诵的"人之初，性本善"正如春风化雨般沁入她的心田。小学堂外喜光的梧桐树枝繁叶茂，投下斑斓阳光，与屋内朗朗书声相映成趣。

安宁的小学堂是她心灵的栖息地，而她的家庭远没有这般安宁无事，无论是生计的窘迫还是身心的困境，都给她年少的心灵留下不可磨灭的伤痕。

六岁入学，直至九岁，时隔三年，董竹君家境并没有因为岁月的增长而好起来，反而越发穷苦。直率的母亲给富贵人家做娘姨，偏偏受不得委屈，换工作越发频繁。世人常说的穷则变，变则通，但有时候有些人依旧秉持本性坚持自己的风格，即使面对贫穷。

一家子的生计全靠拉黄包车的父亲和做娘姨的母亲支撑，为了节省开支他们搬到出入不便的阁楼上。窘迫的日子远没有尽头，可他们一家子咬紧牙关尚能过着清苦的日子，更希望一家大小无灾无难。

不久，他们终于搬出了需要弯腰进出的阁楼，却不是因为家境好转而是因为董竹君的父亲病倒了。

那个无论天寒地冻，还是酷热夏暑，汗流浃背也坚持外出拉黄包车奔走营生的中年男人终是因劳累病倒了。瞬时，一家子的境况陷入寒冬，年幼的她知道，父亲是一个顶天立地的英雄，而父亲病倒之后便意味着什么，可是抱着书包的她眼泪盈眶亦只有无言。

一边是生病需要医治的父亲，一边是得开伙的日常，不得已的情况下，母亲唯有搬些有价值的东西去当、去押或卖，可面对这样一个穷困的家庭，能维持多久呢？

卧病在床的父亲，急躁不安的母亲，底层百姓的无奈，这些于一个年仅九岁的小女孩来说如何是好？家国相牵，国动荡，家不安。

早在清光绪三十四年（1908 年），在国家内忧外患期间，拒和主战、变法图强的光绪帝在这一年心力衰竭而亡。慈禧太后颁懿旨立年少的溥仪为嗣皇帝，此时社会早已动荡不安。

那时，董竹君看着父亲的病越发严重，再也不能像往常那样去拉黄包车赚上一点小钱，或欢喜地带她出去玩。她开始闷闷不乐，在小学堂时也不再带头闹学，而是双手支着下巴望着窗外，似乎不谙世事又恍若心事重重。

她生来就如一树寒冬绽放的梅，高缀枝头，朵朵缀上霜华，偏要历经霜雪才暗香自来。若她前世为莲今生为梅，那么不能用"疏影横斜水清浅，暗香浮动月黄昏"来形容她，如此超凡脱俗、俏俪可人的梅可不适合她。董竹君身染世俗，那一缕缕的香，不是黄昏月下的自然飘逸，而是历经苦寒散发的不屈。

那时，若是父亲病亡，她和母亲或许唯有流落街头乞讨，受尽世态炎凉。

立夏时节，暴风雨肆虐着上海滩，风雨过后，青石板洗涤一新，阳光照在青石板上反照得屋内越发明亮，似乎昭示着风雨之后定有灿烂的阳光。可董竹君一家还在风雨中不安地徘徊，她的母亲无奈之下嘱咐她去向有钱的亲戚家借钱为其父治病，为何要一个小女孩去借钱呢，原因是她的父母有傲骨。

若是单单凭着"傲骨"二字而让一个小女孩去借钱，那么为父为母的傲骨是有多么让人无奈。

她的母亲因为有傲骨，受不得富贵人家的委屈，工作不稳定；她的父亲因为有傲骨，情愿拉黄包车累得腰都要断了也不肯到工厂去工作赚更多的钱。他历尽沧桑地解释，"阿媛，你不晓得去做工是要别人介绍，还要送礼送钱，还要忍受无故打骂。"

穷苦的人，毕竟只有比较少的路可走。那么父母不愿与有钱的亲戚打交道，她不可能看着父亲死去，只好一个人独自远寻到亲戚家去。

立夏时节，本应薄衣清凉，可她还是穿着厚厚的补丁衣裤。怕路人嘲笑，暗自伸手遮住那破洞。上过学堂的她识字，循着门牌终是寻到了，忐忑敲开门迎来的是出自于对叫花子嫌弃的神情。

世态炎凉，即使是告诉他们，她是为父亲治病借救命钱来的也无济于事。在门关上的那一刻，她哭了，心也累了。她一路跑回去，酷热难熬，可瑟瑟发抖的身体透露出她的害怕。一则，借不了钱总免不了母亲的一顿训；二则，没有钱，父亲的病怎么办？

那次借钱事件，父母并没有过多地责怪一个不足十岁的小姑娘。可是，在她的内心深处，却深深地知晓穷的可怕，只是那时她还不知道为什么他们家会那么穷。

后来，她历经人世沧桑之后坦言，因为那时正值辛亥革命前夕，清政府腐败无能，加之帝国主义的侵略，使得底层百姓的生活越发艰难。董竹君的父亲董同庆大难不死，病后稍稍恢复则艰苦地拉着黄包车为一家营生，一家子终是稍稍松了一口气。

宣统三年（1911年），董竹君时年十一岁，这一年辛亥革命爆发推翻了统治中国两千多年的封建君主专制。在历史剧变之间，一生立志"光复中华"的孙中山先生被推选为临时大总统，预示着社会的新发展。

董竹君所在的上海滩的社会风俗习惯发生了巨大的变化，男剪去长辫，女放开天足。大街小巷喜气洋洋之间亦掺杂着忧虑，喜的是盼望进入民国他们就能过上好日子，忧的是一向过着穷苦日子的底层是否真能快速过上好日子。

爆竹声中一岁除，新年如期而至，住在上海法租界的他们依旧过着中国人本土的春节。喜庆的日子，多的是声和色的热闹，那锣鼓爆竹声响彻天地，满身穿红戴绿的姑娘头嵌珠花，十分讨喜。

天色朦胧，烟火半空绽放如星如雨，如花的姑娘有的乘坐马车沿街游走，有的徒步娇笑，衣袂散发出阵阵香甜的气味。

在一片笑语盈盈中，也有如董竹君这般的小姑娘穿着旧棉袄靠着屋外墙壁呆呆出神地看着一群群嬉笑而去的富家小姐少爷闹新春。落寞、不解萦绕心头，不是说到了民国他们就能过上好日子吗，为何如今连一件像样的衣服都穿不起？

年少不解事的她一次次向坏脾气的母亲询问，她的母亲无奈道："世界上穷苦的人多啦！人家是前世修来的好命，我们苦命，所以我们今世一定要做个好人，下世才可以过得好些，不然我们下世还是穷人。"

一向迷信的母亲的回答倒是把人的前世今生说得透彻，前世犯的因，今生结的果。世事造就，唯愿今生能做一个好人，无关富贵与穷苦，但望后世能修得好日子。可这些出世话语她不懂，她又怎么会懂，她只知道，他们与其他富贵人家是不一样的。

不久之后，更令董竹君苦恼的事情降临了，她的母亲要给她缠小脚。民国成立之后，规定要放天足不允许缠小脚，可她的母亲还是要将陋习进行到底，不顾她的苦痛坚持要给她缠足。

她反抗，小手执起剪刀愤恨地剪碎缠足的脚带。她的母亲认为，她的脸蛋长得不错，若是一双大脚板长大后就没有人要了。任凭她母亲如何劝说，她还是坚持不肯缠足，最终在父亲的支持下保留了天足。

一个家庭的没落，却在一个小孩子的身上体现，何其残忍。董竹君十二岁那年是 1912 年。家庭境况越发窘迫，不但房租交不起，连她的学费也终是没了着落。

就在十二岁这年，她的母亲提出要她学唱京戏的要求。

董竹君知道，在她住所附近有专门唱京戏的姑娘在堂子里卖唱，夜里灯火辉煌极其热闹。她也曾听说有姑娘被卖到堂子去做生意，小小年纪的她懂什么是做生意，她只觉得害怕，在她想象之中堂子不是一个好地方。

京戏，字正腔圆，一唱一念，一举一动极尽韵味，有什么不好的呢？可董竹君任凭她的母亲如何软硬兼施都不肯去学。

后来，最是疼爱她的父亲和她讲起了道理。自从那次患伤寒病后，董同庆的身体大不如前，拉黄包车的钱已不足一家生存，加之欠上高利贷更是艰难。

在小学堂里，她学到的不止是《千字文》和《三字经》等启蒙书，更有《二十四孝》。董竹君晓得，双亲艰苦维持生活实属不易，而她更应该做一个孝顺父母的孩子。

读书识字明义，可在明义之后，她终究是唯有停止读书去学唱京戏了。

为何没钱读书、没钱交房租还要她去学唱京戏呢？因为会唱京戏，又有清秀的面容，方可去堂子做"小先生"卖艺赚钱。

那时候堂子里管年龄小的叫"小先生"，只是卖唱，陪客人清谈，又叫"清倌人"。只要她去堂子做"小先生"三年，父亲承诺，三年期满就接她回家。

自从她答应学唱京戏后，就只能一边去小学堂上课，一边跟着双亲为她请的一位老先生学唱京戏。伴随着胡琴柔和浑厚的伴奏声响起，她展开嗓子唱了起来。对于唱京戏，她有天赋，老先生赞她聪明，可在她心里终究是不高兴的。

1913 年，董竹君时年十三岁。正是"娉娉袅袅十三余，豆蔻梢头二月初"的好年华。轻拂手帕，一展歌喉，姿态举止轻盈娇美，恍若二月含苞待放的豆蔻花。

可那年豆蔻尚未开花，不是她年华中的好时节。冬末春初的气候乍暖还寒，料峭凄凄。一边是埋头苦干的母亲，另一边是垂头丧气的父亲，伴着昏昏沉沉的黄昏，她心里无由地发慌。

晚霞消散之时，家里来了两个人。她们是来为她打扮的，柔顺的头发被梳得发亮，朱红丝线扎起小辫，额际头发剪了时髦的刘海。

脸上抹上雪花膏，薄唇一点而红，金镯耳环齐齐戴上，再把衣服换一换。轿子停在屋外，引起小孩好奇一探，疑猜是新嫁娘要出门了。再把一双红蜡烛燃起，双亲拜一拜，涕泪无言。

他们说，阿媛是在世观音，可算是救了他们家。

他们说，等三年期满，他们一定会去堂子接她回来。

他们说，这一切都是天意，别无他法，再苦也要咬紧牙关迈过。

私塾小学堂似乎又传来了声声读书声，"割肉疗亲""卖身葬父"，百事孝为先。

十三岁，年华正好，面容正开，轿子摇摇晃晃前行，带着她颠簸的心。

自此一去，此身无奈。自此一去，归期何时？

青楼锁佳人

街上人来人往，带着嘈杂声，在轿子中的董竹君紧握双手紧张异常。头上珠花摇曳声响，轿子终于在堂子门前停了下来。

忐忑下轿之后，抬眸一看，门口竟放着一束用红纸扎紧的稻草，点火燃起的光亮似乎要灼伤她的眼。身形一晃，董竹君被推至火盆前，要她左右脚在上面绕跨一下，烧掉晦气才可进门。

她不愿，凭什么穷人家身上就有晦气了。人生来皆是一身光溜，怎得穷人就会惹尽晦气呢？可根本轮不到她不愿，在人家的地盘上，怎会允许影响他们发财的情况出现呢。

进屋之后，顿时有男男女女前来围观她，并且指指点点，热闹非凡。

"喏，这个小姑娘叫毛媛。"有人倒水给她喝，又有人对她议论纷纷，"咦，这个姑娘倒生得挺标致的，就是脚太大了一点！"

七嘴八舌、品头论足，这些对于一个来到陌生地方的小姑娘来说，心里是多么的慌乱。所以，无论别人问她什么，她都不言不语，也不笑不哭不闹。

不多时，就有当家的老鸨要给她取名字，为了让新来的她快速红起来，竟要她顶用一个出嫁了的姑娘的名字——杨兰春。

一切都是为了赚钱，于是她住进了杨兰春的房子，做着杨兰春该做的事情，当天晚上就开始卖艺。

晚上灯火通明时，热热闹闹之间她展开嗓子，伴随着胡琴的浑厚伴奏声唱起京戏。少女独特的清脆嗓音使人沉沦，她的声音很亮很脆，人看起来更是清纯。

第一天卖唱，她就接到了许多局票。水牌上要求某某先生要杨兰春到某地方去唱戏，按着要求她必须和一个陪同的阿姨乘坐漂亮的包车一家家去唱。

到餐馆里、到别的堂子里、到办喜事的人家里，无论是哪个地方，只要伴随着胡琴声响起，她就必须开始唱。

声调高亢，唱了一晚上，嗓子几乎嘶哑。客人边听边吃吃喝喝，极尽欢乐。有时候，客人看见她长得好看，故意跟她搭讪，见她不爱搭理就觉得她脾气不好，但更引起他们的兴致。

只要堂子生意兴隆就好，根本不管她累得死活，卖唱时还要强颜欢笑。多少苦，多少泪，都要暗自里不声不响地受下。身在堂子的董竹君，就如同左拉名作《陪衬人》中的丑女，世人只看见用丑女陪衬出来的富家女人，又怎会理会丑女内心的苦楚。很多时候，董竹君都在想，三年，三年期满，她就能离开这个红颜枯骨的地方了。

在堂子里面，除了能差遣自己的老鸨，还有其他同行的姑娘，这些都是不能谈心的，幸好当时照顾她日常生活的孟阿姨是个知书达理、和蔼的中年女人，很多时候能解她心忧的往往是这个孟阿姨。每天在给她梳妆打扮时，孟阿姨都会笑眯眯地给她讲故事。像《三国演义》《水浒传》和《西游记》等有趣的故事她都爱听，慢慢的董竹君和她走得很近，什么事都跟她说，也什么事情都问她。

可是，唯有一件事情孟阿姨是不肯说的，就是她们所处的堂子是一个什么地方。后来，看淡世事，心疼这些无辜少女的孟阿姨还是隐晦地跟她讲到这堂子是个什么地方。

如今的堂子也就是古代的青楼，也称书寓。青楼女子的故事听多了，无论是葬身杭州西湖西泠湖畔的青楼才女苏小小，还是拥有绝色姿容和才情的薛涛，她们都是从青楼走出来的佳人。

自鸦片战争后，上海滩成为繁华的都市，江南的繁荣让达官贵人更加追求享乐，而书寓、堂子这些地方就是供文人贵客吟诗作赋或喝酒打牌的好地方。

青楼固然出才女，可青楼只是男人玩乐的好地方，却不是女人出没的好地方。在豪华别致的书寓里面，有才学的女子称为校书，琴书歌曲样样上手，住在书寓的女子卖艺不卖身。可集中在马路旁的长三堂子，里面卖唱不卖身的姑娘叫"小先生"，而董竹君就是堂子里面的"小先生"，当然除了"小先生"之外还有"大先生"。

这样说来，身在堂子做"小先生"也应该不算太坏，只要期满三年就能出去了。可自从帝国主义入侵，规矩就乱了，姑娘们的话语权都在老鸨身上，这才是真正的身不由己。

"小先生"卖艺不卖身，可年龄一到，她们就必须要做"大先生"了。什么是"大先生"，孟阿姨说她现在年幼不懂，可是她却恍然大悟，明白自己的处境是多么的艰险。她知道堂子里面的黑暗，可为什么女人要吃的苦头会那么多。

难不成是天注定？对于"命运"二字，她怀疑过，她又坚信，命运还是掌握在自己手中。

可是，当命运掌握在别人手里时，更多的唯有无奈。热闹的场所，麻将声不绝于耳，酒香四溢，京戏萦绕，可看着这纵情声色，她就是不笑。

既然是卖唱的，她没有必要卖笑。无论客人如何逗她，她就是不笑。入座、敬酒、唱戏，每日不停。座下王孙公子、衙门老爷，更有富商和革命党人，形形色色、老老少少，在他们眼里，那时的董竹君就是个清秀的不笑姑娘。

她为什么不笑呢？因为她觉得座下的客人都不是好人，即使他们个个眼中含笑，嘴边挂着满口狂言，实际上，又是怎么一个花花心肠？

明月半空，夜深才能回去休息的她累得几乎窒息，这就是堂子里面的生活。为供客人玩乐，每日身心俱疲，可是又能怎样呢？都已经被押在这里三年，只要那个老鸨一声令下，姑娘们唯有听命从之。

生意好的姑娘，赚的钱多了，堂子的老鸨自然不会过多为难。若是姑娘的生意惨淡，那个姑娘定会受到各种责难。

董竹君看着她们遭到此等待遇，顿时觉得心凉，她也是和她们一般陷入火坑。个中无奈她固然深知，为此她想把自己赚到的局票设法分给她们一点，可这是行不通的。

在堂子陪客的时候，她喜欢听客人谈论国家大事。孙中山先生的名字深深刻入她心中，希望他提倡的"三民主义"能带领百姓过上好日子。除了谈及中国的事情，他们还谈论国外的见闻，着实吸引人。

这些客人谈论的内容和其他客人明显不一样，他们不像那些地主老爷那样喝酒打麻将，而是围坐在圆桌前喝茶论国事，看起来比较正经。董竹君虽不懂这些国家大事，但是她爱听，关心国家大事是一种希望。若是能过上好日子，她也不用来堂子卖唱了。

后来，在堂子里面，董竹君找到了一个乐趣，就是在听客人谈论国家大事时，认真观察他们的举止谈吐，以及衣着神情。

那时候，来了一群举止不凡、谈吐高雅的海归客人。他们从日本留学归来，满腹学问，他们激扬爱国，英雄一般。

可既然他们是英雄，为何不去做正事而跑来这里喝花酒？对此，董竹君怀疑至极，小小年纪的她就不轻信任何人。

纵使她年少不懂太多的事，但也知道，在这一群人当中曾有几个表示是真心喜欢她的。

有高调的苏州七少，七少经常为她捧场摆花酒或"打茶围"。大约二十三岁的七少，容貌清秀俊朗，那时董竹君也对他心怀好感却又害怕跟他说话。可是，最害怕和讨厌的是那个叫柳聘农的男人，她虽仰慕他们当过兵打过仗，可也害怕这般粗鲁的人。

有一次，董竹君卧病在床，柳聘农竟跑到她床边逼迫她长大后要嫁给他，若是不嫁给他就拿手枪打死她。无奈之下，董竹君连声应下，但求他息怒。可就在那一刻，董竹君明白男人的险恶以及野蛮，若是他日嫁给他，迟早会死在他的枪口之下。

其中，在喜欢她的人当中，有一个最是特别，那就是夏之时。

她还记得，第一次见夏之时的时候，在转角处，风度翩翩的他含笑迎面而来，而她不知为何以帕掩嘴低眸一笑，最是那一低头的温柔，如莲般清秀绽放，引人驻足，不知倾倒了谁。

夏之时那时年约二十七，长相英俊大气，带着一股温文尔雅的气质。他不像其他人那般爱开董竹君玩笑，反而温和认真地与她说话。

一向不笑且话少的董竹君在夏之时面前却能敞开心扉，她和他说起自己为何会陷入堂子卖唱的原因，她也曾入私塾学习，只是为家境所迫不得不放弃。

可怜的一个小姑娘，还是那么一个清秀美丽的小姑娘，身负英雄豪气的夏之时又怎能不扼腕怜惜她呢？

而夏之时也确实是一个豪杰英雄，她注意他，打听有关他的一切，对于他的一切，她都好奇。

夏之时早年留学日本，回国后参加孙中山领导的革命战争并加入同盟会，后来在武昌起义中他在四川率兵为国立功，民国成立后，他被推选为西川副都督。可他不恋权势，辞去官职欲出国深造，归来后再报效国家。可局势骤变，他唯有留在上海参与"二次革命"。

一个为了国家大义可以置危难于不顾的男子汉，董竹君认为夏之时是一个好人。

深陷青楼埋骨地的董竹君，仿佛在夏之时身上看到了百姓过上好日子。

自古美女配英雄，那么英雄配美人亦是美事一件。

至此，年华正好的董竹君开始留心夏之时这个人。

倾心夏之时

长三堂子昼夜灯火不熄，屋内长廊高挂的暖红灯笼见证这纸醉金迷的声色喧哗。

董竹君嘹亮的嗓音在房内萦绕，手弹琵琶弦声切切，时而声声清脆如清泉流觞，时而又浑厚如闷雷阵阵。她唱的戏时而委婉如新房细语，时而又激烈如金戈铁马。

而她的拿手好戏却是独留给那几个革命先生的。那时夏之时这几个革命党人为避风头时常光顾长三堂子，知己好友品茶听戏，兼谈国事，实乃苦中有乐呀！

那时，董竹君的一颦一笑，不时与夏之时目光相接，低首回眸，胜过春花之娇美。那时，她年轻貌美，他风华正茂；他深晓男女情感的奥妙，而她却年少不懂情思种种。在这场突如其来的爱情中，两人终需历经磨难，他们的磨难，来自身不由己与时不待人。

苏州七少把玩着念珠又翩翩而来，自从得遇董竹君那懵懂一笑，心尖儿上都是她的影子。为此，他抛却旧爱，为那一抹青色沉醉。寻欢作乐，大抵就是七少与董竹君的羁绊。七少喜欢的不过是她年轻貌美，至于更深一层则无从探寻，而董竹君对于热烈捧场的七少，更多的是好奇与忐忑。

相比于英俊风流的七少和易暴怒的柳先生，董竹君更愿意与儒雅大方的夏之时相识相知。

可当时看起来一派儒雅的夏之时，当董竹君得知他年少时的另一副模样时，便掩面轻笑。原来，他的经历是这般的有趣，相比于自己的年少生活，那真是丰富多彩。

年少时，他亦耕过田，上过学堂，更是学过木工。在那个动荡不安的年代，不甘平庸的他，毅然远渡日本，立志练就一身本事以报效国家。

董竹君那掩面一笑，不过是觉得他年少时真勇敢，这也是她内心深处想做的，可是她不能任性，不能想做什么就做什么。双亲为贫困做垂死挣扎，她又怎能为一己之私而置身事外呢，即使她尚未成年。

对于夏之时所经历的一切，董竹君都感兴趣。而夏之时则细细说起自己的经历，无论是困境的艰苦还是腾达的荣耀，他都愿一一诉说，如同说书人那般，喝茶漫谈故事，只是这故事的主人公是他自己罢了。

年少的董竹君听着都督先生谈论国家大事时，又懂多少呢？她连"驱除鞑虏"的"鞑虏"是什么意思都不懂，更不用说其他的革命时事了。偏偏夏之时耐心大方地为一个小姑娘解释。他并没有蔑视一个小姑娘不懂事，或许在这一点上，夏之时终究是心存男女平等的观念，况且天下兴亡匹夫有责。

对于年不及三十的夏之时的经历，董竹君更多的是惊叹与佩服。她佩服他测量西藏的艰苦以及坚韧的体魄，更佩服他出生入死的卫国之行。那时候，坐上都督之位的夏之时才二十四岁，正是风华正茂、挥斥方遒的好年华，是英雄，是好汉，只是董竹君不知道，如此英雄好汉会不会是自己的良人。

他的英勇，以及对董竹君的好，以至于让她也想做一个幸福的人。若得一良人，愿木屋朝海，喜见春暖花开。喜欢一个人的心境大抵如此，想与他有一个灿烂的前程，诗意到想给所见的每一条河，每一座山，都取一个充满烟火气息的名字。

她悄然心系于他，愿终成眷属，愿携手白头。

可是，此刻她深陷青楼红颜埋骨地，而他却是为国解忧的都督大帅。

她聪慧美丽，是位青楼佳人，红牌正盛，正如摇钱树一般的存在，长三堂子哪能轻易放她。而他身陷追捕困境，都督之位险恶穷极，随时都有可能避难国外。他们，或许从一开始就不应该认识且心系彼此。

可是，命运从来由己不由天！

在长三堂子这个寻欢场，她日日唱戏，却也见多了喜新厌旧的烂把戏。她爱慕他，她喜欢他，却也疑心他。他的好，点点滴滴开始侵入她的生活，可她却是不敢相信他是真心的。

正如诗经《氓》所言："士之耽兮，犹可说也。女之耽兮，不可说也。"男人沉溺于爱情，往往可以自拔，可女人沉溺于爱情，则难以挣脱。她信他爱她年轻貌美的一面，却不信他喜她年老色衰之时。

夏之时一行人几乎每日都来长三堂子，借堂子作为掩护，可他们还有一个目的不说则明，不单单是为饮一盏新茶，亦不为听一曲新戏，而是看一看那逐渐长开的如花少女。

董竹君虽为"小先生"，可生意却是极好，那些捧她场子的人，除了想听唱戏之外，更重要的还是等她做"大先生"。可她不高兴，她想反抗，但是没用。她想念那贫困的家庭，纵使没有亮丽的衣服可以穿，也没有美味的食物可以吃，但她更愿陪在亲人身边，同甘共苦，可是她连这个资格都没有。

对于夏之时的感情，她犹豫或许是因为还不够爱他，或是时候未到，有时候，接纳一份感情，并非两厢情愿那么简单。

直到那天，贴身服侍她的孟阿姨把真相告诉她，长三堂子所说的三年之期，只是权宜之计，当红的姑娘，三年期满就等着做"大先生"，至于放回原处是不可能的事情。

即使她早已赚够当初被抵押进来的许多倍钱，长三堂子也是不会放她走。任她恼怒，任她故意不专心唱戏，任她如何反抗也是徒劳。这一切直到她的生理出现变化而孟阿姨说她已成大人了而骤变，堂子希望能借此把董竹君卖个好价钱，她痛恨这些把女人当作物品的恶人，可她别无他法。

在特殊的年代，什么都可以被出卖，无论是真理还是谎言，微笑还是泪水。就如堂子这种唯利是图的地方，所有的情感，在金钱面前都变得苍白无力。无论是美女，还是丑女都可以成为商品，且合情合理！

欲等双亲来解救自己是不可能的，因为他们根本就不知道堂子的险恶，那契约在她们眼里等于一张白纸。幸好当时孟阿姨给她指点了出路，那就是嫁与一个好人家。

哪来的好人家，风流苏州七少，还是其他大富大贵之人呢？还有那心中忽隐忽现的都督夏之时，只是他们会真心接纳一个清倌人吗？她心里没底，卖艺生活还是在继续。

唱戏回来，直到夜深人静之时，蒙头入被窝的她，默默哭泣。可是哭又有什么用，这世上还缺乏一个姑娘的眼泪吗？哭，只会哭肿自己的眼睛，哭坏自己的身体，此外，于事无补。

每日唱戏回来，夏日酷暑尚未消散，坐在黄包车里的她，水灵灵的眼睛看着行人来来往往。有些姑娘身穿天蓝色布衫，虽不及她的锦衣华贵，却让人觉得异常干净。十几岁嘴角笑嫣嫣的少男少女背着书包上学堂正竞相追逐回家，看着炊烟，看着落霞，竟觉得甚是美好，一如当初的她。

看到这个画面，她脑海中顿现那幅日本画卷，画上单单一座桥，还有一个穿着时髦手上撑着一把洋伞的姑娘，格外显得美丽。这让她颇感好奇，不然她也不会问夏之时日本的姑娘是怎样的。

夏之时含笑告诉她，那个樱花国度的姑娘，可以上各式各样的学校。当然在说这些的时候，夏之时定然看见董竹君眼里的光芒，那是期盼与希望，让人不忍拒绝。

　　在董竹君眼中，上学堂不单单是为了将来能有机会嫁与富贵人家，更多的是希望能报效国家。国好起来，家便安定，她的父母便不用低声下气地给人干活。她的想法是天真的，亦是可贵的，只是难以实现。

　　如今，她羡慕他们的，不过自由罢了！

　　能让董竹君多愁善感的时日已不多，做"大先生"的日子越发迫近，看着那些地主老爷、少爷纷纷下注，心中又气又恼，却又并无他法。孟阿姨一再催促她做出决定，赶紧找个好人家出嫁。

　　儒雅大方的夏爷、身姿挺拔的夏爷、英勇爱国的夏爷，在孟阿姨精明的眼中，夏爷确实是一个好归宿。在董竹君心中，那个时常鼓励她要继续读书的夏爷，那个真诚待她的夏爷越发显得重要。

　　夏之时比时年十五的董竹君大十二岁。时时抚镜自照的她，十五芳华，颜色正好，低眉一笑，宛若青莲般纯然。或许，这就是美女配英雄。

　　他比她大十几岁那又怎样，这有什么不好的呢？往后所有的快乐他都与她分享，而所有的苦与痛他都比她先尝，在一起之后，保护她的，肯定有他！

　　这有什么不好的呢，可问题是，只有真爱才能超越任何差距与阻碍。

　　董竹君也觉得夏之时确实很好，他是革命党人，一生事业在于兴复家国。可是，在她心里，始终是难以置信他会真心喜欢一个堂子里卖艺的姑娘。在没有确定之前，她未敢孤注一掷。

相对于董竹君的境况，夏之时也好不了多少，随时都有可能离开上海滩远渡日本避难。他看着这好好的一个姑娘，千哄万哄，沧海桑田为誓，海枯石烂为盟，亦未能得她确切的答复，甚是苦恼。

她只问他一句："你家里可有太太？"

在封建大家庭中，况且是都督大帅，哪会没有太太呢？董竹君是个不肯将就的主儿，她虽坠落青楼，却不肯一辈子做人家的姨太太。这等同于从一个火坑，踏入另一个让自己粉骨碎身的火坑。

可是如今年轻貌美不跳出堂子这个火坑，直到暮去朝来颜色故去的时候，境况或许更差。那时，孟阿姨帮她打听夏之时太太的情况，原来他的太太身患肺病，不久将离开人世。

心急地向董竹君证明自己是真心的夏之时，坦言他与自己的太太无半分感情，且太太病危。夏之时确实是一个英雄，可是在爱情面前，他却不是一个好人。

正如徐志摩和林徽因，徐志摩与太太张幼仪无感情，不顾半分情分一心想离婚。林徽因看见张幼仪眼中的无奈，那个坚韧的女子，林徽因心生不忍，她还有大好青春年华，以及家人与学术的支持，她还有退路，于是她退出徐志摩的世界。

有时候，爱情对于男人来说，终究是辜负了那一份责任，惨痛的后果往往由女人来承担!

可是董竹君不一样,即使她认为夏之时这般对待自己的太太是不义,可她终究是动摇了。年少的她,或许未能把道德放在第一位,但最重要的是她真的没有退路了,而且,她似乎爱上了那个男子。

堂子卖艺的她,真的能做都督夫人吗?

誓同尘与灰

1914 年,袁世凯为推翻共和、复辟帝制迅速做出军事行动,在全国范围内搜捕革命党人。于是那些革命党人无奈之下纷纷寻找避难场所,有的大批隐身英法日租界里,抑或是直接逃命海外。

堂子里依旧灯火通明,姑娘们的欢声笑语伴随着曲子响起,客人来寻欢,有时不过是看谁比较阔,花酒谁摆得多,而那些姑娘们不过是商品一般的存在。她们的悲,她们的欢,可有谁曾懂。

夏之时没有来堂子的那段日子,董竹君经常魂不守舍,他越是不来,她心里越是在乎。从前,她觉得自己是穷人出身,而他是革命大丈夫,又怎么会真心喜欢自己呢。如今细细想来,夏之时对于她来说真的太重要了,竟有一种"衣带渐宽终不悔,为伊消得人憔悴"的感觉。

在董竹君等待夏之时的那段时间,孟阿姨几次三番劝导她尽快做出决定，堂子已经为她做"大先生"的事情做出宣传，再不决定将无路可走。

可是，迫于时势的感情，终要承担一种风险，那就是"妾拟将身嫁与，一生休。纵被无情弃，不能羞"！

时常为她出谋划策的孟阿姨最终还是被堂子调离董竹君身边，那个被换来照顾董竹君的女人叫三宝，性格倒是直率善良，十分同情董竹君的遭遇。这时，夏之时为避风头躲入日本租界的消息传到董竹君耳里，形势异常紧张。她虽担心夏之时的安全，却无计可施。

后来，董竹君和三宝借上街买东西之际，到夏之时避难的旅馆寻找他，夏之时看到董竹君那一刻，当即抱住她诉说思念。他怎么会不想去堂子找董竹君呢？可是袁世凯出价三万买他的人头，若不是舍不得她，他早就独自逃亡日本了。

董竹君听了这一席话，终是信他是真心喜爱自己的。可横在两人中间的还有夏之时的太太，董竹君绝不愿做他的姨太太。那一次相谈，董竹君摔门而出，只因夏之时态度不明确。

他还要怎么明确，当年娶了太太便留学日本，留太太和儿子在封建大家庭中承受委屈，却不管不顾。有时候，在背负国的责任时，家的责任亦是不能忘，这就是夏之时和董竹君间迈不过的坎。

几天之后，夏之时的朋友带来了夏之时太太病逝的消息，并劝她与夏之时结婚后尽快去日本避难。几番思量之下，董竹君决定再一次去日本旅馆与夏之时见面。这一次倾心长谈，让董竹君更加坚定夏之时在自己心中的位置，也知道了夏之时早已经派人去堂子为董竹君赎身。

堂子这个地方，姑娘进入之后，又怎能轻易出来呢？当初董竹君的双亲为了三百元救命钱把她抵押堂子三年，如今她红了，却要三万才能赎身。可即使是夏之时愿意为她赎身，她也不愿被人当作物品那般出卖。

她要让世界知道，她的命运是属于自己的。

当夏之时要给她赎身时，她坚决地拒绝了。她想要与夏之时做平等的夫妻，不愿做他买回来的附属品。身不由己的她为此决定设法逃出堂子，绝不要他出一分钱去赎她。

董竹君决定终身大事时，才十五岁，可她却是那般理性。与夏之时结为夫妻可以，但要先订下契约。

其一，不做夏家姨太太。

其二，要送她去日本求学。

其三，两人组成一个内外协调的好家庭。

夏之时听了董竹君的一番说法，他就知道，爱上一个堂子里面的姑娘，他是做对了。如此独立的人格，如此聪慧的佳人，当欣然求之！

可是，字字句句中，亦显现董竹君的小心翼翼。第一，她一再强调不愿做夏之时的姨太太，即使夏之时把他太太去世的电报给她看，她还是心存疑虑。她的爱是理性的，却过于小心翼翼。而夏之时作为一个大丈夫，太太去世了，终究是缺少了那一份为夫的责任。

然而董竹君的理性，还体现在她对未来的设计上。她要夏之时把她放在他的未来里面，他去日本避难，她要去日本求学，对于学问，还是孜孜以求。在内，她愿相夫教子，只求他能安心在外为国事奔波。

自从董竹君向夏之时承诺要靠一己之力逃出堂子后，她就开始精心计划，寻找机会跳出火坑。他不避身祸，甘愿冒着生命危险留在旅馆等她出来。若是灾难能见证真情的话，董竹君与夏之时确实是真爱！

回到堂子之后，董竹君不再像从前那般尽职卖艺，不是装病就是发脾气不肯唱戏。老鸨看着那些票局堆了起来，可是钱却入不了账，无奈之下对董竹君软硬兼施，可是她却硬起骨头不肯去卖艺。

当老鸨辱骂她时，她忍；当堂子派流氓威胁她时，她也不惧。董竹君对堂子的做法，采取了如拾得对待人世一切恶意的处世之道：世间若有人谤我、欺我、辱我、笑我、轻我、贱我、恶我、骗我，我便忍他、让他、由他、避他、耐他、敬他、不理他，再待几年你且看他。

堂子里面的人都在取笑董竹君，笑她等不到夏爷来赎她。老鸨辱骂她，威胁她，甚至骗她。在董竹君认为堂子会送她回家时，却被关押在一个无人知晓的地方。

她着急，气愤，亦害怕，她担心夏之时的安危，亦害怕他抛下自己远离上海滩。她想不顾一切逃跑，可若失败就危及性命。她哭、她恨，她对夏之时的思念，才下眉头又上心头，却得不到。

今日看来，不得不佩服董竹君的聪慧，她明白沮丧是于事无补的，于是想办法让看守她的人放下防备，以乘机逃跑。她与看守她的人喝喝酒吃吃菜，装作开心的模样，好让对方觉得自己是想通了。

她想通的不是向堂子低头，而是想通了拥有勇气才能改变并过上好日子！

那时，正值春末。董竹君出逃的那天晚上，月华似练，照入房间显得亮堂堂的。她第一次请看守她的人去买鸡蛋糕，因为卖鸡蛋糕的地方比较近，那个看守的人未曾怀疑，以为她真的回心转意了。可就在董竹君第二次请他去隔了几条街的地方买水果时，她开始逃跑了。

有关于堂子的一切东西，她都没有带走，她要的是跟过去告别。华丽的衣服，贵重的金银首饰，这些她都不在乎，洗净铅华，她迫不及待地向夏之时奔去。

那天，若是她再迟一些，夏之时他们一行就已经向日本出发了。或许缘分就是那么的神奇，不能早一步，亦不晚一步，要刚刚好，彼此才能在那里，在那个能拥有彼此的地方相遇。

那一天，董竹君自由了，恍若划破天际的纸鸢，随清风在天际飘动，身心自由的她，如飞鸟浮云，连心尖都是欢畅的。夏之时看见自由的她，竟觉得，此时此刻的她，比任何时候都要美丽，都要吸引他。

生活如此艰辛，这一切并不是她独自逃出来便可以解决的。在和他们一同逃跑的时候，从四川赶来催夏爷去日本的夏之时的兄长被追他们的人抓走了。这个消息对夏之时来说恍若晴天霹雳，而董竹君则沉溺于自由的喜悦当中。

她想到的是，幸好被抓的不是他们。若是她被抓住了，她就得再一次回到堂子，承受的将是更大的灾难，或许会被折磨致死。若是夏之时被抓住了，肯定会被冠以拐带未成年小姑娘顶罪论处，况且当时袁世凯正在逮捕他，被抓住唯有死路一条！

虽然一个星期之后，夏之时的兄长被罚以一千元释放，可是夏之时觉得兄长为他们受到侮辱而心怀愧疚，整日愁眉不展。他虽爱董竹君，可在那个时候却把她冷落一旁。当时董竹君觉得很是失望，毕竟当时年纪小，并未深晓大义之事。

1914年春末，董竹君十四岁，夏之时二十七岁。逃离火坑之后，夏之时给董竹君取名为毓英，毓，培养也，毓英、毓英，夏之时当时可是寓意董竹君是一个培育英气的女杰？在此看来，夏之时在当时是敬佩董竹君逃跑的勇气与坚韧。

在形势危急的情况下，他们只好简单地在日本旅馆松田洋行举行法式婚礼。法国是欧洲最早废除君主专制实行共和制的国家，夏之时这些革命党人向往法国所提倡的民主与自由，遂效仿法国婚礼，以示去旧迎新，接纳新思想。

结婚的时候，董竹君梳着法式发髻，穿着法国服装，即使半新的连衣裙显得不合身，她还是欣然接受。她和夏之时结婚的情形永远定格在那张黑白照片上，文明的婚礼，一对新人对未来满怀期待。

站在她身旁的男人已经是她的丈夫，此后贫贱与富贵，祸福相依。这一切看起来很好，他英俊豪勇，国之栋梁；她年轻貌美，如花美艳。

那场没有亲人在场的婚礼终究是缺乏了温情，可相爱的人对于未来的期待，对于爱情的执着，往往是奋不顾身的。

第二章

凤凰于飞翔九州

求学樱花国

董竹君和夏之时结婚初，上海局势越发紧张，革命党人的性命时刻受到威胁，他们必须尽快前往日本避难。在那个云雾漫天的清晨，他们一行人悄然前往上海杨树浦区金利源轮船码头，坐船前往日本神户。

轮船行驶在波涛之中，白浪翻滚之间，日出红光掩映碧浪粼粼，海鸥在海天之间自由翱翔。海风徐徐，多年之后，董竹君若是忆起当年第一次前往日本的情景，或许还会有海风拂面轻柔舒畅的感觉。那是身心的自由，犹如暖和的阳光在脸上轻抚，连那清新的空气都带着自由的味道。

她和夏之时在甲板上踱来踱去，抑或是在藤椅上躺着欣赏海上风光，是那般惬意。欣赏海上美景的不单单只有他们，当时船上还有孙夫人宋庆龄。或许，在人生的路途上，总是希望绝处能逢着风景。

从她踏上日本国土的那一刻，她就知道，新的生活要开始了。

对于日本的一切，她都好奇，恍若刘姥姥进大观园一般眼花缭乱。当真是大开眼界，以往，她看见画卷上的日本女人心里满是好奇，如今人真的到了日本，心里竟有种说不出的惊喜。

无论是整洁的街道，还是彬彬有礼的日本男女，她水灵灵的眼眸里满是笑容。在那个风景美丽的樱花之国，一开始她欣赏他们的民族性，可后来，她才知道万事万物都具备两面性。

到了日本之后，董竹君和夏之时先在旅馆小住几天，后来他们在郊区租了一栋美丽幽静的小院落定居下来。两个人在自己的小世界过得有滋有味，她陶醉于自由美好的风情，而他则沉醉在爱情的甜蜜之中，两人细细地规划起未来。

夏之时确实守信，他送董竹君入日本学院学习日文以及其他科目。单单这一点，就给董竹君的新婚生活添上了新的乐趣。

时年十五岁的她，正值韶华，由内到外都洋溢着青春的活力，是那般动人。在学堂，恬美的她很快就融入同学之中，和他们共同讨论知识，分享快乐。学院的学习生活给她带来的是青草般蓬勃的希望，让她的生命更加灵动而多姿。

她努力，她快乐，竟觉得若是这样的生活能一直维持下去就好了。小时候虽然也上过小学堂，可那个时候，时常遭受贫困的折磨，但现在不一样了，除去嘈杂与喧哗，她可以安心学习。

每逢春光明媚之时，日本人都会聚在樱花繁盛的地方赏樱，化妆打扮，饮酒高歌，狂欢倾吐出生活百味，无论是酸甜苦辣还是喜怒哀乐。在那个时候，整个人的身心都是舒畅的，不为世俗所烦恼。

那时候，董竹君还是学院的学生，本来应该和同学一同去踏青，一同去赏樱。可是，无论她多么期待，有一点她很清楚：她是有夫之妇。学院里面自然有男同学偷偷爱慕她。在他们眼中，董竹君就是从中国来的莲花，带着似水的温柔，单单是那一低头的温柔，就能牵动所有人的心。

夏之时不可能不知道，他的小娇妻，是一个年轻貌美的佳人。正所谓，窈窕淑女君子好逑啊！夏之时是一个男人，且是一个心存大男人主义的人，又怎会日日放着如花美眷在外面回眸生百媚呢？

对于董竹君来说，生活就是那般奥妙，有的时候，它偏偏要你不如意。

刚开始，夏之时还会耐心去学校接董竹君回家。后来，夏之时怕年轻的她会受男同学的诱惑而爱上别人，遂让她退学不再去学校上课。

董竹君：一首激扬的命运交响曲

　　为了满足董竹君求知的心，他聘请家庭教师给她上课。对此，董竹君虽满怀不愿，可是有什么办法呢？能来日本上学完全是靠夏之时，若不是他，她也没有这个福分能自由地在此读书。她听从夏之时的安排，一如既往地努力学习，可在她内心深处，有些东西终是开始变化了。

　　教授董竹君知识的夏老师给她重新取了一个名字，董篁，字竹君。董竹君这个名字此后伴随她一生，命理难说，往后的她，真如她的名字那般坚韧而长青。生活如此多艰，唯有那咬定青山不放弃的竹才是对她生命最好的诠释。

　　在日本生活的那段日子，她欣赏日本男性的刚强，女性的勤劳有礼，以及那强烈的民族自尊感。朝气蓬勃的市民，严谨的社会秩序，还有那普及的教育，这些都是董竹君所喜欢的，可是她对不平等的男女关系一直耿耿于怀。

　　那个时候，日本的女人在丈夫面前犹如羔羊般顺从，她们对丈夫是那般恭敬甚至带着奴性。在董竹君眼里，她想要的家庭生活，早在没有离开上海滩之前就和夏之时说明，她要的是平等互爱、相互协调的美好家庭，不然她也不会冒死从堂子逃出来。

　　她要的就是平等，以及那份真诚到永远的感情！

　　生活除了美好的憧憬之外，还有柴米油盐酱醋茶，简单的一日三餐，有序的家务。有时候，看似简单的生活，还是容易让人生出烦恼，特别是寄人篱下的时候。

　　还有董竹君时常听见有日本男女在情事上自杀，对于这些问题，她是不解的，于是她每次都向她的老师请教，可是他们从来都不会给她仔细回答。

问题得不到解决，就会一直横在董竹君心里。夏之时亦未能与她分忧，他是革命党人，忙的是国家大事，哪会听她碎碎念呢？有时候，她的烦恼多数是他带来的。

夏之时经常带她去革命党人家里应酬，虽然伴随丈夫去应酬应该是件高兴的事情，可是在聚会当中，她往往要遭受到精神上的折磨。

她是贫穷人家出身，且曾经沦为堂子"小先生"，这些过往都是他们的笑料。那些太太们议论她，嘲笑她，冷落她，这些冷嘲热讽都带着钻心的痛。

董竹君对他们眼里的门当户对，对他们所谓的好出身，从前是羡慕的。可是后来了解，出身好和门当户对的爱情不一定是幸福。人终究不能过多依靠他人，包括钱财权势。虽然钱财和权势可以为人的前途添花，但还是需要自己的努力。他们认为董竹君一个青楼女子没有多大的能耐能把书念好，能把人生的路走好。可是，她偏偏要为自己争一口气，做什么事情都更加用功。

为了做好夏之时的贤内助，她白天除了认真上课，还努力操持家务。乃至深夜还在自习看书，她觉得，只要肯去努力，有些事情还是可以做好的。

时光飞逝，1915 年春天，董竹君迎来了人生之中又一重大变化，那就是在毫无准备的情况下，她要做母亲了。

　　她是那样的年轻，尚带着青春无尽的活力，却要过早承担为人母的责任。初为母的喜悦冲不淡她心头的忧虑，她怕自己做不好一个母亲。孩子一生下来，就与她血脉相关，这是一份天赐的恩惠，亦带着沉重的责任。

　　产后不到一周，董竹君就面临着一个困境——她乳部生奶疮，无法给新生婴儿喂奶。看着瘦得皮包骨头的孩子，她满心都是刺痛，她不知道如何拯救这个小天使。

　　朋友劝她给孩子喂牛奶，可又有人反对，左右摇摆之间，她无法做出决定，因为她不懂，害怕她的无知害了孩子。幸好，当时给她接生的医生送她一本《产妇与婴儿须知》，按照书中的科学说法，她才敢给孩子喂牛奶。

　　董竹君的第一个孩子是女孩，名国琼。夏之时在得知董竹君怀孕时，即便希望那孩子是男孩，也还是说若是女孩也会一般疼爱。这给了董竹君莫大的安慰。初为人母的她看起来更妩媚，也让夏之时更加怜惜。只是往后看来，夏之时还是重男轻女。

　　寄人篱下的苦，她显得极其容忍。那时，有些受过军国主义教育的人，看见中国人时眼里满是蔑视，在他们眼中，董竹君一家就是亡国奴一般的存在。当时，邻居家小男孩时常到她家院落逗弄小国琼，这本是一件愉快的事情。可男孩的母亲却以董竹君一家是中国人而不允许他和国琼玩耍。他们看不起中国人。董竹君虽觉得满腹委屈，却不能给予反驳。

　　每当面对别人的蔑视与嘲笑时，董竹君知道，要得到别人的尊重，唯有自己和自己的国家变得强大起来。那时候的中国，正处于内外交困之际，国家富强又岂是靠言语祈求就能实现的？但是董竹君相信，希望的曙光，必将从东方升起。

在日本的寄居生活中，董竹君一家经济状况越发窘迫。夏之时的长兄极少接济他们，不但如此，他还私吞了夏之时在辞去四川副都督职务时老百姓送的两万元银两。

没有经济来源，董竹君一家的生活异常艰难。有时候为了给董竹君交学费和负担日常开支，夏之时不得不把家里面的东西拿去当铺抵押。窘迫得连买香烟的钱都没有，发烟瘾的时候，董竹君给他从垃圾里面选一些烟头拆开再用纸卷起来给他。

这些场景，满满都是患难夫妻互相扶持的见证。可是，有时候患难并不能维持感情直到永远。有些夫妻，贫困时一同拼搏，苦累共担，恩爱异常，可是到了飞黄腾达的时候，彼此都不大愿意看见曾经一同患难与共的人。共患难易，同富贵难，这是夫妻关系的一种写照；而大难临头各自飞，也是另外一种悲伤的场景。而董竹君和夏之时，他们的感情却复杂多了。

董竹君非常渴望自由，但夏之时的存在，除了给她依靠与温暖之外，还给了她自由的限制。她生性爱音乐，喜结朋友，可夏之时待她严厉，时常怀疑她。

夏日窗外飘来的一首爱尔兰民歌《夏天最后一朵玫瑰》引得董竹君神思向往，黄昏雨后，倚窗闭目倾听，是喜悦，是触动，那一刻仿佛永恒。

桥边吹箫的青年，成了夏之时的眼中刺。董竹君喜爱的是音乐，不是那个从未谋面的青年人。可夏之时是一个严厉的丈夫，他虽是英雄，却不是那种多情温柔的、爱美人不爱江山的英雄，所以他不理解董竹君。

君须怜我，我怜君！这一美好期望成了董竹君对婚姻的最终追求，可她的良人不知！这就酿造了他们婚姻的悲剧，人生何其短，单单靠那患难与共，终究不能换得一生相系。

国事与君共

夏国琼出生的那年，即1915年初夏，夏之时交给董竹君一个重要的任务。当时袁世凯当政，国内情况危急，夏之时这批革命党人一直在谋划推翻袁世凯政府的事情。正是多事之秋，且他们正在敌人的监视下，与国内联系不便，急切需要一个人秘密送一份材料到上海，交给其他革命党。

他们为何会选择让董竹君去送材料呢？或许因为她比他们任何一个人都安全，或许因为她聪明懂事，但更多的是因为她的爱国之心让他们觉得她是一个值得信任的人。

这件危险与光荣并存的事情对于董竹君来说，她是乐意去做的。因为这是在为国家复兴出力，何乐而不为。

从日本匆忙回国后，她并没有立即去送材料，而是约上她的双亲及姨母在旅馆见面。自从董竹君被送去堂子卖艺就没能再见到自己的亲人，这么多年过去，他们越来越老了。

在他们相见的那一刻，亲人竟不由地拍了拍自己的衣服，激动与尴尬的复杂情绪立刻展露无疑。他们的阿媛，曾经还是娇笑着围在身边打转的孩童，现在却已经成了都督夫人，身份之差来得那么突然。董竹君看着亲人的拘谨，不由有些心酸，即使她嫁了这么一个富贵人家，终究还是他们的女儿，血脉相连，又怎会生分呢？

相见那么难，山水那么长，一诉衷情的时间却并不多。董竹君简单和亲人交代一些事情后便和他们告别，相约下次回国，他们再长聚相守。

董竹君顺利将信送达之后，当即买票返回东京。因路上费用不足，她只能饿着肚子赶回去。夏之时到车站去接她，她竟饿得连话都说不出，惊得夏之时着急万分。毕竟此次送信生命攸关，他又怎么不着急呢？若是董竹君有个三长两短，夏之时定是不能接受的。

那一天，董竹君完成了一件了不起的事情。夏之时带她到饭馆吃饭，看着她狼吞虎咽的样子，心头有种莫名的喜悦。他没有看错董竹君，这个姑娘年纪轻轻就聪明懂事，果真是自己的贤内助。

对于夏之时的满口称赞，董竹君心里是高兴的，一则她想得到丈夫更多的敬重，二则为国奔波是作为一个中国人该有的责任。

1915 年，袁世凯称帝，国内反对之声盛行，革命党人准备讨袁，恢复共和国，齐心协力抵抗外国列强。

次年春末夏初，夏之时趁着国内革命高潮，决定回国参加讨袁行动。夏之时在日本期间并没有放下革命事业，且出国全然是迫不得已，如今有机会回国效力，怎能不激动万分呢？

夏之时回国之前，留给董竹君的，除了担忧之外，还有一把手枪。他回去的目的是卫国，总不能带着妻儿回去让她们奔波受累，况且国内形势紧急，刻不容缓。他留把手枪给董竹君，除了叫她防贼自卫之外，还留下一句残忍的话，若是董竹君做了对不起他的事情，就用这把手枪自杀。

董竹君看着她的丈夫，无言以对，心底对他除了爱还有敬畏，她敬他回国戎马卫国，不惧身祸；可她也害怕他，她怕他对自己的疑心终有一日会让他们的感情消散。难道他对自己的不信任单单是因为自己美丽，而没有一丝一毫是因为自己的出身？天知道，她最怕的莫过于他认为她是一个从堂子出来的轻贱女人。

或许，从另一方面看来，夏之时真的是因为太爱董竹君了，不想别人多贪恋她一眼，对她的占有欲造就了他在爱情方面的心胸狭隘，即使他是豪爽的爱国大英雄。

夏之时离开日本之前，急电去上海吩咐自己的四弟去日本与董竹君一起念书。凡此种种，夏之时的行为都是在监视董竹君的行动，他怕董竹君在他离开之后，忍不住爱上别人。对此，她不能与他争辩，她亦是爱他，不然又怎会努力与他组建一个家庭呢。只希望，他战后能平安来日本接她回去。

夏之时回国之后，董竹君时常和一些爱国志士谈论国家大事，她的丈夫回国效力，对于她来说这是一件值得骄傲的事情。

1916 年 6 月，袁世凯取消帝制，国内局势混乱，北洋军阀政权内部逐步分裂，以段祺瑞为首的皖系和以冯国璋为首的直系相互倾轧。不久之后，张勋率兵入京拥护清废帝复辟，举国动乱。

1917 年 7 月，皖系军阀段祺瑞迅速控制北京政府，拒绝恢复中华民国国会和临时约法，孙中山先生率军在广州发动护法运动。

这一年，俄国十月革命成为人类历史上第一次胜利的社会主义革命，亦是正值第一次世界大战，外国列强迅速对外扩张。日本企图使中国沦为其殖民地，在经济、政治、文化多方面进行侵入。

国内革命志士发动护法战争，希望安定国内局势，齐心抵抗列强的侵略。

夏之时回国后任四川靖国招讨军总司令，随即率军出师。英勇果决的他不及一个月的时间，就率军攻占了川南合江、永川及璧山等县作为驻防地，设司令部于合江。不久之后，夏之时率领的部队扩充为三团，准备一举北伐，以全力协助完成护法大业。

董竹君得知丈夫率军得利的消息，满心都是激动与欢喜，

董竹君：一首激扬的命运交响曲

她的丈夫确实是一个大英雄。同时，在她心中亦怀着为国家贡献自己力量的愿望。或许是在夏之时身边耳濡目染的结果，又抑或是生在穷苦之家，对下层人们的辛酸生活深有体会，董竹君期望祖国强大起来，那么人民的日子也会好起来。

她痛恨那些卖国贼，为了一己之私与外国侵略者勾结，心中全然没有家国的概念。辛亥革命胜利之后，众人翘首以待的好日子并没有到来，反而被袁世凯窃取其成果；袁世凯死后，国家政权又落到北洋军阀手中，致使军阀混战。

多少流血，多少牺牲，为了钱财权势，竟然置国家于水深火热之中。若是全国统一抗敌，或许人民很快就能过上好生活了，至少董竹君当时是这样想的。

带着孩子留在日本的董竹君，自夏之时回国之后，日常生活倒是活跃了很多，恍若回到当初刚来日本做女学生那般带着青春的活力。家里来拜访的留学生在谈国内大事时，她都是安静在一旁听着他们讨论。

无论是国外革命的激烈还是国内的动态，她都愿意听。看到留日本中国学生积极组织救国团体，在她心里面，有羡慕，有期待。她也希望学成归国，除了尽力料理家务事，养儿育女之外，还要想办法帮助丈夫。

俗话说，天下兴亡匹夫有责，身为中国人，国家受难之际，当不避身祸，英勇卫国。为国家做事的途径很多，一如夏之时可以为国戎马不休。身为女子的董竹君认为，男女皆是平等，丈夫能做的事情，她也可以通过其他途径去实现，那个时候，董竹君想到的是创业，想从经济上着手，二则她还想为女权做一些事情，身为中国的女人，不能一直处于弱势地位。

有时候，所谓的男女平等，应该从经济独立开始，再从思想上熏陶，这样女性才能真正独立起来。

1917 年秋，董竹君在家庭教师的帮助下，完成了东京御茶之水女子高等师范学校的全部课程。在日本完成这一课程任务之后，她并没有放弃深造的机会，继续抓紧时间学习法文并有求学法国的念头。

可就在这个时候，夏之时父亲病危的消息传到董竹君耳中，夏之时希望董竹君立即赶回四川老家为其尽孝。

当接到夏之时的电报之后，董竹君竟犹豫了，她的内心是矛盾的，她还想着自己的前途与未来，想按照计划走。她能不回去吗？丈夫为国奔波，本是忠孝难全了，她作为他的妻子，不该回国尽她的责任吗？

若说之前年少不懂大义之事，那么此时的她当深知大义大孝这回事。有时候，避免道德绑架的最简单方法就是顺其自然，人有的时候，还是要把责任放在第一位，不能每次都是为了一己之私。

思量之下，董竹君选择回国。

从出国到回国，往后她的命运将再一次在自己掌心改变！

督军夫人归

1917 年秋，几场夜雨涨满了秋池，董竹君的归期已定。世事恍若大梦一场，这都是人生的几度秋凉了？

董竹君的师友得知她的归期，除了愕然之外，还有那由衷的伤感。悲莫悲兮伤别离，乐莫乐兮新相知，董竹君和他们刚刚由新相知转为知己好友，如今却迎来别离。始知人生的欢喜与忧伤，竟是转变得这般快，让人措手不及。

为了给董竹君饯行，董竹君邀上师友到自己家来相聚。这场聚会倒是有趣，日本师友做日本菜，中国师友做中国菜，随即围坐在一起，喝酒、谈笑和评菜，好不热闹！

在这场聚会时，董竹君是开心的，因为平日里，她除了上课读书和料理家务之外，并没机会和大家聚会。孤寂的院落，被孤立的世界，在此刻被一片热闹的温情所打破。

在此刻，他们尽情谈论国家大事，谈及宇宙人生，或是郊外风光，或是日常的一些小信息。这些于董竹君来说，都极富有吸引力，竟觉得此刻是她人生中最快乐的事情。

夏国琼在一旁活蹦乱跳，天真的小脸满是笑容，她也喜爱热闹。本是爱玩的年龄，却没有儿时的小玩伴，是孤独的。邻居家不允许自己的孩子跟她玩，她唯有独自一人在院落玩玩泥沙，或是在室内和玩具交朋友。

她不懂为什么大人们不让她跟小伙伴玩耍，她不懂什么是耻辱与蔑视，就如那场热闹的饯别聚会，她喜欢那活跃的气氛，却不懂什么是师友之情，更不懂人生的离别之意。

可是这些，董竹君深懂，所以她伤感了，是不是懂的事情越多，人就越容易被感动或看透世事呢？

日本码头远近的轮船上挂满了五色彩绳，那日清晨，董竹君牵着夏国琼站在秋风里，满眼都是惜别之情。

师友前来送行，他们都舍不得董竹君这般聪慧谦虚美丽的女子，松田老师还从人群中快步走出紧紧握住她的手，轻轻地说："想不到你这么快回国，舍不得你!"单单一句话，两人齐泪下。有些人，在成为他人的人生过客时，往往会留下温馨的印记。

轮船启动，码头上站着的人都在挥手，挥动手帕，互道珍重。离别来得那么快，船越来越远，人仍未离去，董竹君在甲板上站着的身影越来越小。

此后一别，山长水阔，相见甚难!

坐上归国的轮船，还是昔年海上的风景，只是她已无当初来时愉悦自由的心境。那时，她是追求自由新生活而去，如今她是回到夫家，夫家的人是否会喜欢她呢？如今，她的丈夫激战在外又是什么情况呢？海上的雾气伴随着清晨的阳光逐渐消散，只是她的前途还在迷途!

到达上海之后，和两年前第一次回国时一样，董竹君又迫不及待地在旅馆约见自己的亲人。不同的是，这次她身边带着年幼的女儿国琼。多年不见，双亲已老，他们生活依旧窘迫，幸好还有董竹君时常寄给他们的生活补贴，不然两个老人亦是日子难过。

自从董竹君不在他们身边，她的母亲时常哭泣，而她的父亲则是叹气。他们担心董竹君过得不好，虽是嫁给夏之时这般的富贵人家，但富贵人家的日子也是不好过。

董竹君的双亲虽在走投无路的时候把她押在堂子里卖唱，可都还是真心关爱她。不同于有些人，仗着血脉关系，做着那些你的就是我的、我的还是我的自私事情。良心不在，必遭人责，必遭天谴！

互诉衷情之后，董竹君了解到上海滩的下层人家的日子依旧过得不好。乞讨的孩子到处都有，靠乞讨维持生活是那般辛酸无奈。贫富差距悬殊，世道不公，听到这些事情，董竹君又想起儿时的事情，她想要老百姓过上好日子的念头越来越强烈。

短暂一聚之后，董竹君又带着孩子启程前往四川婆家。到重庆临江码头下轮船，夏之时派勤务兵卢炳章和两个丫头去接董竹君一行人。

下轮船之后，董竹君看着那长长的石板阶梯本不愿坐轿子，卢炳章无奈之下劝她，她不坐轿子，那么轿夫就没有生活来源。这一番话，让她想起拉黄包车的父亲，若是没有客人，他们靠什么营生呢？

她和女儿坐着四人抬的一个大轿。轿子她坐，可是在她心里面终究是不舒坦的，她成了别人眼里的富贵之人，也成了自己小时候羡慕的富贵之人，可是她现在不开心了。

在回婆家之前，董竹君一行先住在夏之时的好友黄家。黄家的人待她很客气，挺喜欢她的为人。不久之后，她又迁住夫家好友谭家，最后她自己在重庆租房子住了下来。夏之时将前妻生的儿子夏大谟和大哥之子夏大猷送来重庆念小学，看到这两个孩子，她觉得作为夏家的媳妇，总是要学会负担更多的责任。

董竹君不是爱管闲事的人，可是路见不平拔刀相助这古道热肠她还是有的。在重庆小住的那段日子，倒是把她的道义表现得淋漓尽致。那时，她乘坐的轿子途经市场，有一小商贩被别人的轿子撞倒在地，瓷碗破碎一地，小商贩不但没有得到该有的赔偿，还遭到轿夫的责骂。

董竹君眼见这件不平等的事情，气愤之下落轿去和轿内不肯赔钱的官老爷理论。那个官老爷本是不怕董竹君一介妇人，但看见一身军装的卢炳章站在董竹君身旁就畏惧起来。

一番强势理论后，两旁聚集的人越来越多，轿子内的人坐不住了，唯有弱下声来赔钱给小商贩。

别看董竹君一副柔弱的样子，可骨子里面的坚韧与强势是很多人比不上的。她的坚韧是由一次次磨难锤炼，以及在经受日本多年教育而习得的。

住在谭家的时候，时常听见隔壁的老婆婆打骂童养媳，打骂声让她觉得痛心。人心肉造，人生而平等，谁又注定一辈子任他人辱骂呢。董竹君强势地跑到邻居家，把那个老婆

婆的衣襟抓住，警告她此后不许再打骂她的童养媳，不然就
送她去坐牢。

此后，再也听不到邻居传来打骂的声音。附近那些人都
称赞夏太太爱打抱不平，真是女中豪杰，可是董竹君知道，
若不是自己的丈夫是都督，自己这般做早就惹祸上身了。

她现在依靠夫家的力量，能帮助一两个人，可是还有千
千万万的人在受煎熬，这是她帮不了的。当某天她能依靠自
己的力量，或许能改变很多事情。

夫家大观园

1918 年初春，对于一些人来说，时至今日的心境已是沉
舟侧畔千帆过了，幸有那万木逢春的光辉可以聊以慰藉。春
雨随风潜入夜，滋润万物细腻无声，董竹君接到丈夫的信时，
正是乍暖还寒时，他要她回合江老家。

合江老家是什么情况呢？她一点都不了解。那么一个大
家庭到底是怎样的？卢炳章告诉她，夏之时父亲的病已有所
好转，现在老家医治。依照现在的情况，夏之时要董竹君回
合江不单单是看望老人家那么简单了，更多的或许就是要她
回来管理这个大家。

一路上侍候董竹君的两个小丫头，刚开始话比较少，时
常对董竹君的行为怀着好奇的心。后来看到董竹君是一个好
说话的主，而且有着热血的心肠，便开始慢慢和董竹君多说

起话来。

　　两个丫头时常在董竹君面前说起夏家的情况，好让她了解夏家，尽量免受欺辱。夏家原籍在湖北麻城，清朝时入川谋生，全家的经济来源在于田租。

　　夏家这个大家庭中有着复杂的人事关系。姑太太、妯娌各几人，这些都是厉害人物，特别是大侄女夏国君，极为阴毒野蛮。目前总管各房的当家人是夏之时的大哥夏冕昭，这就是所谓的长兄如父吧。

　　错综复杂的家庭关系，是最可怕的血脉渊源，特别是在封建大家庭中，真可谓家家有本难念的经啊！董竹君接到夏之时要求回合江的信，可是她能回去吗？她的丫头可是跟她说了，夏之时的前太太就是被那个大家庭中的人折磨致死的。

　　夏之时前太太晏氏女也是一个可怜的人，可未能像徐志摩的前妻张幼仪那般能够脱离丈夫创造出新的天地，让青春年华淹没在那封建的阴影之中，这是可悲的。

　　在那个父母之命媒妁之言的年代，按生辰八字、门第名望达成的婚姻，更多的悲哀在中伤女人，接受新思想冲击的男人们想要自由婚事，想着自身的不自由，想要摆脱过去，往往是不负责任的。虽然有一些封建家庭中的女人身在火坑而不自知也不思改变是可悲的，可终究对她们是不公平的。

　　夏之时放着自己的妻子在合江老家任由那些人欺辱她，气她，情绪郁结生肺病，临死亦未能得到应得的照顾，这是一个作为丈夫的残忍。董竹君又怎么不知，她还会回那个水深火热的老家去吗？她的丈夫即使是真心爱她，又能护她几分？

两个丫头一直在劝说董竹君不要回合江，老家的人已经设计好等她回去就欺辱她。作为一个贫困的青楼出身的人，别人有一万种理由去中伤她。

不入虎穴焉得虎子，即使是又惊又怕，她还是必须回去。既然她是夏家的媳妇，又怎能避开这些事情呢？不去做，就永远不知道能不能做好，而且她的丈夫还在等她回去。

在回合江的路上，两个丫头时刻叫她小心老家的人。董竹君在心里思量着怎么去应付这些事情，不能被动地任他们欺负去了。

封闭的合江老家，女眷众多养于深闺，并没有什么机会见世面。只要抓住她们的心理，从中做一些巧妙得当的事情去讨好她们，或许她们并不会过多为难。

董竹君回老家途中，决定做两件事情去应对那个大家庭。

其一，就是购买一批中外制造的新鲜礼物送给她们，这样讨得她们欢心，自然就不好意思过多为难。

其二，回去多做事，少说话，随机应变。

她在四川市面买的洋货多是日常生活用品，如毛巾手绢、花露水、香皂、洋袜子之类的，当然少不了一些简单的化妆品如胭脂花粉和雪花膏等。

回去的时候，董竹君一行坐的是轿子，颠簸的小道，汗流浃背的轿夫，想到生活要靠出卖苦力，她心里很不好受。

路途遥远，投宿亦是一个问题，碰到黑店也是常有的事情。幸好有勤务兵卢炳章在一旁护行，僻远的地区还是危险重重，董竹君一路上少不了担惊受怕。想她也是见过世面的人，当年从堂子里赤手空拳逃出来的勇气没有用完，反而越积越多。

在这一路上，她最怜悯的莫过于轿夫。靠着一身的力气，走那高高低低、九曲回肠的泥泞小路。即使是一身轻便走路，也要力气，更不用说抬着人了。轿夫视为牛马，可是他们终究是没有牛马的力气，要走那一条长长的路，靠什么去支撑呢？

到停留休息的客栈时，那些轿夫一个个迫不及待地去吸食鸦片补充能量，这是他们能够送客人到达目的地的精神动力。吸鸦片等于慢性自杀，可是不吸哪里有力气去抬轿子呢？不抬轿子，又哪来的生活来源？

越近老家，路越是颠簸，弯弯曲曲的泥泞小径通向草木丛生的乡间。董竹君下轿看着那不同于上海滩繁华与贫困相间的街道，亦不同于日本井然有序的房屋，这带着杂乱破败与历史庄严的宅子，有那么一瞬，她预感到，在这里的新生活将是艰辛与复杂的。

五天之后，董竹君一行到了重庆西南面的合江老家，方下轿，就看见一座旧式的大平房。夏家大平房位于合江城最繁华热闹的一条街，土木构造，朴素中显华贵。一房一厅，一台一阁，处处都是古风横溢。

夏家的人看见夏家二太太回来，很多人跑出来围着她，气氛甚是热闹。

这就是夏家，董竹君带着孩子进去拜见婆婆、兄长以及其他亲人，却未见她的丈夫，心底一愣。一家子各色的脸面，或笑，或严，或旁若无睹抑或是翻白眼，她唯有恭顺地一一问候。

董竹君的婆婆，手拿着水烟袋似笑非笑地坐在上位看着她，态度不明。她的兄长夏冕昭，衣冠端正，两眼圆而有神，可以看出至今他还是不接纳她的。先前在上海时，她就见过夏之时的兄长，试图以长兄如父的家庭权威阻止夏之时娶她，那严肃的态度，至今她还记得。还有一个值得注意的就是侄女夏国君，看似一副聪明的模样，实则却是一个抽大烟的奸恶姑娘。

其他在座的人，大多在交头接耳地议论她，她又怎会不知道呢？那探视的目光，毫无顾忌地在她脸上扫视着。她们就是这样对待夏家的二太太，探视、议论，想着法子往后怎样欺辱她。

对于这些，董竹君无暇顾及，既然她的丈夫要她回老家，念头终归是好的，他是践行当年许下的诺言，要夏家接纳她，做他的太太，而不是姨太太！想到这些，董竹君就动力十足地按计划行事。

她先吩咐卢炳章和两个丫头把带回来的礼物给各房送去，就连没有在这里的亲戚也选了一些派人送去。果然，当他们收下礼物之后，对待董竹君的态度明显改变一些。

从这看来，董竹君为人处世之道确实很强，往后她能创建锦江也是可以理解的。这样的女人，不但胆大而且心细，随机应变能力特强，成大事者，想必亦是应该具备这些社交技能的。

回到夏家之后，董竹君一直忙到傍晚。幸好当天晚上，夏之时回家了。两人许久不见，甚是想念，遂秉烛夜谈了许久。她迫切想知道他回国之后的事情，军旅生活让他面带风霜，可是董竹君明显感受到，有什么东西在他身上发生了变化。

夏之时心疼她一路的艰辛，并且教她怎么在一个大家庭中生活，凡事须放宽心，且不可太较真。但董竹君就是那般要强的人，不然她也不会想尽办法去做好，让这个大家庭真心接纳她。

本来夏之时在这个家才是最有话语权的人，毕竟这一家子的生活来源基本是靠他做官赚来的。单单依靠夏之时，家中的人怎么也不敢过分给董竹君脸色看，可她想要自己努力，去证明她可以做好夏家的媳妇。

初到夏家，董竹君采取送礼和小心翼翼看脸色行事的方式去融入这个大家庭，但这些就能让他们对董竹君改观吗？事情远没有那般简单，怎么在这个封建大家庭中生存下去，往后还是要看董竹君自己的造化。

夏家新媳妇

一望无垠的田野，稻花带来朴质的清香，大庄园里人来人往，人事纷纷皆掩于那扇沉重的雕花大门里。封建风气浓重的合江老城，带着压迫人的气息，夏家亦是如此。

董竹君对夏家的一切都感到不适应，在她以往的经历里，平等这个观念深入她的心底，而在这个封建大家庭里面，讲究的是有差别的等级关系。一如长兄如父的夏冕昭，他以兄长为大的权威独揽这个家庭的大权，在这个家里，他的话就是权威。

还有一些日常是董竹君所不能忍受的，就是这里的太太经常虐待用人，把小丫鬟当奴隶对待，毫无人性可言。董竹君看着那些丫鬟被她们各种招待，心里很不好受，可是她又能说什么呢？

这些日常，哪是她曾经能想象得了的，在那么一个大家庭之中，家人相处的时候，看似笑脸有加，可是就那么一转身就是非不断。有时根本就是明争暗斗，董竹君记得那次分家的情景，想要自立门户谈何容易，其中牵涉多方利益，担心着吃亏谁也不肯退步。

夏冕昭身为夏家的当家人，分家这等大事由他主持，可是这场剧烈的私利斗争让他也措手无策。可若是不分家，整日闷在这个封建大家庭中，想必董竹君是一千个一万个不愿意的。

　　就在这场分家闹得不可开交时，夏之时只好出面劝他们。夏之时一劝，大家竟听候分配了，并不是夏之时的动之以理晓之以情发挥了作用，而是他们对夏之时的权势又敬又怕，他们怎么能不听从安排呢，巴结还来不及呢。

　　董竹君来到合江老家，明显是感受到这个大家庭是不欢迎她的，可是他们不能对她怎样，毕竟夏之时在这个家的地位极其高，若不是有夏之时在，这个家的经济来源从何谈起。

　　董竹君就是那般要强的一个人，别人等着看她的笑话，她偏不给她们机会，即使她的丈夫劝她想要在这个家庭生活，就要万事学会宽忍，放宽心态，什么困难总能解决。可是以往的经历不容许她懦弱下去，更不容许自己被他人抛弃。

　　就像合江这里的封建大家庭，家里面的媳妇除了相夫教子之外，还要学会操持家中大小事。逢年过节的时候，大多数的家务都是由媳妇们带动仆人去做，事无大小，重在做得精细，方为巧。

　　一如烧饭、绣花、做糕点、泡菜腊肉这些细活，不管你曾经是大小姐还是平民女儿家，做了别人的媳妇就必须得会做。若是做不好，便等着别人的笑话。董竹君虽不会做这些细活，但是她愿意去学，跟着厨师学泡菜，她的聪慧与认真是她学好这些家务活的前提。可任她如何心灵手巧，夏家对她的偏见从未减少。

　　回夏家的这段日子，这个家始终没有把她当作夏家的媳妇，更不用说是正太太了，这也是董竹君的一个心结。当时在上海与夏之时结婚时，他们举办的可是文明婚礼，现在怎就不是夏之时的太太了呢？

夏之时在这个家百般维护董竹君，即使全家人都在反对他娶了一个堂子卖唱姑娘，可他不在乎这个身份差距，他在乎的不过是董竹君这个人罢了。他的家人劝他把董竹君休掉，对此他未曾让步。他当初已经答应董竹君，此生就她一个太太，更不用说要她做姨太太。此事休提，可在关乎门面的问题上，夏家老太太亦是不肯罢休，可她也不能不让步，毕竟这个家还得靠夏之时维持。

再迎娶一个太太，这俩都是正太太，这就是老太太能退步的。在此事上，夏之时与他们相持不下，便把它搁置一旁。他又怎会不深深怜惜董竹君，那个姑娘十五岁便为其从火坑逃出，随他逃亡海外，为他辛苦操持这个家，无怨无悔，若是他负了她，她将往何方？若他负了她，他何为大丈夫？

董竹君从丫鬟口中得知了这件事情，除了满腹的气愤，更多的是不服，既然夏家不肯接纳她，那么她非要他们心服口服。对于夏之时，董竹君心怀感激，虽然他事事护着她，但是她也不能让他感到为难，这亦是她更加努力操持这个家的动力。

自从董竹君下定决心要夏家从心底里接纳她开始，她就给自己订下计划，按计划行事，循序渐进。

其一，宁让自己吃亏，也要万事以大公无私的态度处理。

其二，努力学习操持家务。

其三，以贤妻良母为目标。

夏之时外出办公的时候，董竹君在家学家务，招呼亲朋好友，在待人接物方面极得人心。橘黄色的灯笼高高挂起，各房点起了油灯，此时董竹君开始教侄子们读书，每每做完这些事情，收拾一番已到了深夜。她很累，可为讨得婆婆的欢心，为获得家人的好感，觉得这一切即使不值得也必须去做。人有的时候，所谓的自由，并不是随时都能享用，无奈的事情很多，但要想尽办法去解决，这或许就是为人的一大道理！

在这个家，他们虽不接纳董竹君，却没有人敢说她是"下贱坯"和"下江人"，日出而作，日落还未能息的她，怎么看也不是好吃懒做的人。这一切不单单家人看在眼里，她的丈夫夏之时更是看在眼里。

夏之时对董竹君，除了丈夫该对妻子的好外，还有一种佩服，若是在几年前，他必定会对董竹君的勇敢与好强大加赞赏一番，可是如今的他，更多的是劝董竹君要懂得享受生活，不必劳心至此，能做他夏之时的太太，日日把自己操劳得像个丫鬟一般，全然没有必要。

然而，夏之时对董竹君的好却不是一直如此的，有的时候夏之时以恶待她，让她含苦在心头，哽咽无声。

那时，夏之时军旅在身，每日提枪骑马让他不幸生了骑马疮，并且发高烧，这情况危险万分。面对卧病在床的丈夫，董竹君小心翼翼地日夜侍候他。可是，对于董竹君的尽心尽力侍候，夏之时并未全然领情。

不幸的是，那次董竹君侍候他大便完之后，昏眩地到走廊处透透气，卫兵前来询问夏之时的病情，就那么简单的几句谈话，可在夏之时眼中却成了背叛。夏之时恨自己无能卧病在床，只要一想到董竹君与其他男人站在一起就碍眼，他还活着，她却在他眼皮底下勾三搭四，不守妇道！

可夏之时所辱骂的，不过是一些胡话罢了。董竹君掩住心口，那钻心的痛，让她觉得这么多年的夫妻，他还是不了解她。即使她是堂子出来的姑娘又怎样，谁没有过去，而事后才执着于过去的人，终究不是良人！

若不是夏之时还在病中，按着董竹君要强的性子，定然要与他争辩一二。她是他的妻子，而不是他的附属品！即使谅解他又怎样，这事始终如针扎在心里，回忆起在日期间他留下的手枪，始终心有余悸。

夏之时病好之后，对董竹君的态度越发好了起来，不再像病中那般糊涂。而全家人对董竹君态度的转变却是在夏之时四弟结婚那时，董竹君为此尽心主持婚礼，有序地布置好一切，让婚礼顺利并体面地举行。

时过境迁，家里的人对董竹君的态度明显改变，在背后也说她知书达理、贤惠能干，真是典型的贤妻良母。到底，除了董竹君个人的能干贤淑之外，他们还是碍于夏之时在这个家中的威望。

董竹君万万没有想到的是，夏之时要求董竹君与他重新拜堂成亲。原因是夏家已经万全接纳了她，要为他们亲自主持当地特色的婚礼，对此，董竹君不悦。早在上海的时候，她与夏之时已经成亲，如今国琼也几岁了，再次结婚又是怎么回事？难道与他在日本的那些年，她不曾是他的妻子吗？

夏家大院内外张灯结彩，喜庆洋洋，可在董竹君心里，他们所谓的正式结婚，形同儿戏！

夏之时的姐妹们硬是围着董竹君要给她开脸，所谓开脸就是要将脸额的汗毛绞光，按照当地旧习俗，新娘子必须要开脸，这些习俗就如同门当户对那般可恶。

他们都是快乐的，穿着新衣喝着喜酒，吃喝嬉笑不断。小国琼和其他孩子在院落里蹦蹦跳跳，她不知道母亲的痛苦，也不知"封建"二字的毒性。

重新举办婚礼还不是最伤董竹君的一件事情，最伤董竹君的是，拜堂那天晚上，大嫂拿着那张所谓赎身的一千元收条给她。这意味着，当初董竹君是他们夏家从堂子用钱赎出来，而不是靠她自己的能力逃出火坑的，这与董竹君要求的平等互爱相悖。

事实是，这一千元收据，并不是赎董竹君的钱，而是当年夏冕昭被巡捕房罚处的一千元。即使董竹君再怎么难过又如何，这就是她当初选择的良家。夏之时知道此事后只是劝慰她，他的长兄当年为了此事也是受尽了苦头，此后就是正式的一家人，没有必要再为此事烦恼。

　　董竹君就是这样一步步从一个贫穷的堂子出身的姑娘，走进了夏家的大门，并且得到了他们更多的信任，凡事总会与她商量一二，无形中成了夏家的当家人之一。即使有一部分是依靠着丈夫夏之时的权势，可大多时候，确实是她能力超群的结果。

　　在她精明能干的背后，是一颗要求平等独立的心。这个愿望与这个封建大家庭格格不入，迟早会引发矛盾，这就是董竹君曾经不愿回合江的原因。可既入夏家的门，他们即使有一千种让她难堪的理由，她也能使出一万种让别人服她的方法。

第三章

冤家相对难归一

政付东流时

　　董竹君以她端庄优雅的风度，凭她勤劳、善良、睿智和练达的性格融入了这个本不待见她的封建大家庭中。可在四川生活的日子里，她才确切地晓得丈夫夏之时从日本回国后的事情。

　　归国后的这段时间，他仍然追随着孙中山先生的脚步，继续革命。

　　1917 年年初，清风拂面，杨柳抽枝，日照山岗，春意盎然，似乎昭示着这一切都有了好的开始。一场由孙中山先生领导的"护法战争"浩浩荡荡地展开，夏之时回国后毅然投身其中。

此时，被孙中山先生委任的川、滇、黔总司令唐继尧派遣夏之时到合江、永川、璧山三县驻守，并委任其靖国招讨军总司令一职。

董竹君对这个封建大家族越是深入地了解，越是心寒，越是无奈，更有千千心结，甚至于一丝愤忿。出生贫苦之家，从毛媛走到现在的董竹君，她深知最底层百姓生活的艰辛与疾苦，为着一茶一饭，奔走劳行，迈着沉甸甸的脚步，浇灌着血汗，背负起一个个贫苦之家。

夜微凉，董竹君在宽大的家族大院中踱步，心中的事涌上，让人愁肠百结。回首仰望月色，眉头微蹙，恨这个世道怎不似这月华皎洁。她受那个一心为革命、有着英雄气概的丈夫影响，她爱国，国兴则家兴，痛恨那些剥削穷苦百姓的贪官污吏。

她得知夏家这个偌大的封建大家族，所有的开支费用除了祖上留下来的少数收租米外，尽是依靠着丈夫从职务中谋得的私囊。她的身体虽然渐渐融入这个封建大家庭，但是心灵上却有一道迈不过去的坎。董竹君的明眸中闪烁着无奈，似是豆蔻年华时印象中那个大英雄的形象渐渐黯淡了下来。

董竹君细细地考量，聪慧如她，透过迷雾，逐渐看清真相。夏之时虽任靖国招讨军总司令一职，但军饷却成为维持军队战斗力的一大难题。

夏之时所带领的军队，军饷来源却不是由政府财政拨款或通过预算、决算获得，而是由自己委托亲信办理获得军粮。

所谓的办理，就是在永川和璧山两县征收田粮契税，但田粮契税的收入是其次，而在合江之地征收的商务税才是最为主要的。合江位于长江交通重地，只要在合江成立护商事务所，则可征收五六万元用于维持军队日常，余下的还可以自由支配。

可是董竹君知道，合江护商事务所的建立，明言是保护来往商客的货物安全，巧立名目的护商，其实就是为了征税，除了军队之外还巧为己用。她虽是局外人，可是旁观者清，商人的税务变高，为使得被征收的税款不落空，自然抬高商品的价格。如此，征税，征的税还是转嫁到了老百姓的身上，董竹君生长在贫苦的百姓之家，如何不清楚百姓的艰辛，吃亏的人总是最底层的百姓。

到现在她都还不敢相信她的丈夫是那种"拥地而肥"的官人，他统治地区极大，却随意向人民征税，无所谓中央及省行政机构，毫无旁碍，任意中饱私囊。但无限膨胀的私欲，成了百姓的灾难！

1918年，又是动乱的一年，国家不兴，狼烟四起，四川军阀争权夺利愈演愈烈，有些人拥兵称霸一方，谁的兵多，防地多，就是实力最大，地位就越是稳固。

时局风云变幻，也就是这一年，夏之时的人生遭遇了重大的变故。这一年，熊克武任川督，夏之时接受熊克武的指示前往成都，家族中的兄长要董竹君夫妇带上一群小辈同到成都，美其名曰可以受到董竹君夫妇二人的良好抚养，实质是为了减少自家的经济负担。

董竹君生性坚强，想凭借自己的作为让别人看得起。这里面的弯弯绕绕，她如何不知，看透不说破，亦是大智慧。何况凭着董竹君的性情，答应了这样的要求，反倒是更有干劲。她也是一个渴望自由的人，当时年少尚不向堂子低头，自己设计逃出青楼，与夏之时厮守，远赴日本求学生活。此刻，脱离这作威作福、欺人压人的封建旧家庭，对她来说，总是件愉快的事情。

董竹君当初结婚的愿望，便是想好好地组建一个幸福美满的家庭，此去成都，愿望可期，自然欣然接受。可命理难说，计划得再细致亦赶不上变化。

到了成都，夏之时以为上级会给他升职的机会，此后更是飞黄腾达，却不料世事这般难猜。成都之行，他带着一帮兄弟，骑马扛枪满怀壮志前往总部与熊克武会合。不料，人前人后称兄道弟的患难之交，竟举枪逼迫他缴械，把夏之时率领的军队编排入总部，自然夏之时就被免去军职，改为闲暇的文职。

要一个曾经纵马提枪的军人去做"建昌道尹"这般的闲职官人，他自是一百个不愿意。在夏之时看来，他不愿任职的原因是无兵权的苦；而对于董竹君来说，她的丈夫不去与他人同流合污是正确的选择，她怎能看着自己的丈夫对百姓作威作福呢？

董竹君看着意志消沉的夏之时，心想他也是当过兵打过仗的英雄好汉，怎至于失去兵权就颓废至此呢？她忽然想起回国初期夏之时无意中对她说的话，那时夏之时竟然懊悔在重庆做副都督的时候，由于过于耿直而没有与上下打点好关系。对于夏之时曾经做都督时廉洁的事情，这曾是他向别人炫耀的事，可到了如今，这竟成了他的一大憾事。

若是他当年懂得打点上下关系，现在这个督军之职早就落在他的身上。他的懊悔，在董竹君心里却闪过一丝失望，她惊讶于他思想的改变。可再怎么失望，他还是她的丈夫，现在她的任务就是让夏之时重新拾起信心。

她宽慰夏之时，那些贪官污吏，行那祸国殃民之事有何意义？还是做一个清官好。可是夏之时却说她年纪小，不懂官场的事。任董竹君再怎么玲珑心思，再怎么身居旁观者清，除了与夏之时争执不下之外，别无他法。

正是在这兵权付之东流时，董竹君不放弃的是那幸福的梦想，她相信她的丈夫终有一日会改变想法。

1919 年，董竹君向正式解除军职的夏之时提议，寓居成都，开始新的生活。夏之时此时公务闲暇较多，自然应允并开始重视起家庭生活。

夏之时在东胜大街买了一处大院，此大院相当豪华，俗称四进院。如同朱门府第，董竹君很喜欢这处大院，与夏之时登楼远眺，看着鳞次栉比的房屋，清幽鸟鸣的翠竹。欣喜的她伸出手对着各个方向指点，好像在规划着未来。

对于夏之时来说政付东流，可对于董竹君来说这是一个新的开始。董竹君用自己在日本学的知识，细细地规划着每个院落，装点着这个新家。无论是从家具、地毯、花棚、马厩还是院内院外的亭台楼阁，她都费尽心思去布置。做这些细活她是乐意的，并不似在那个封建大家那般压抑。她可以按照自己的喜好，把流行元素融合到古风古色之中，尽情享受美的喜悦。

董竹君心中有预感，她的自由将在这个新家中得以释放。年幼时在家中饥一餐饱一餐的辛酸苦难，投身堂中唱哑喉咙被老鸨欺压时对自由的渴望，盼着家庭美满可是丈夫却身在军中的竭虑忧愁，这些都已经过去了。她拉着国琼的小手，慢慢地走过翠柏笼罩的小径，感受着一抹自由的轻松，如同当年在轮船看海鸥飞翔那般神奇与向往。

董竹君是喜爱花的，尤其是那桃花和梅花，贫苦的时候只能远远地眺望，此刻，小径旁，梅花、桃花，却是各有几十株。她灿烂一笑，"此处人家无日历，梅花开日是新年。"

春季来临，红艳的桃花盛开，料峭酒醒的梅花，映着绿意盎然的柏树，红绿相辉，好不尽兴。有时，董竹君偷闲到此，常感到别有滋味。亦常常瞧着梅花，陷入了沉思，人，一个女人，难道说真的能这样每天悠闲地过着富贵荣华的生活直到生命的最后一息吗？董竹君望着舒适华丽的住宅，这种可以和丈夫一起过上自由平等而又美满幸福的家庭生活是儿时常常盼望的。这如幻想般的生活但愿能一直持续下去。

1920年，滇军重新入川，联合川军欲把熊克武打垮，这突如其来的变故，让董竹君很是担心，她不想丈夫再次投身这股乱流中，争权夺势只会让人心变得更残忍。她心中不过是怀揣着美满家庭的梦，贤妻良母，一家和睦安康，可这对于夏之时来说，是东山再起的好机会，他又怎会不抓紧呢？夏之时并没有听董竹君的劝告，毅然去任了四川护法川西总司令，他参加的乃是历史上的"护法之役"，在孙中山先生的领导下浩浩荡荡地进行着。

可惜，好景不长，应了董竹君的担心，仅仅三个月，熊克武从北川联合三处军阀再次杀回，滇军退居云南。从此护法运动宣告结束，四川军阀割据称雄，各自为政，未料的是军阀开始横征暴敛，剥削百姓。

在此间，董竹君与丈夫夏之时化妆避难于城内太平桥法国医院。本以为是美好的成都之行，却以逃命终结了那美好的期望！

当真是命途多舛，董竹君看着心灰意冷、闭门不出的丈夫，心中一阵酸楚。昔年相知相识，那年她年华正好，他也满是英雄气概，到如今多年的夫妻，种种往事划过心头，可如今却走到了这般田地。

她还是她，并且不断进步，但是当年的那个英雄似乎已经不在了。人生在世，当以退为乐，若是夏之时有半分苏轼与陶渊明的阔达乐观，也不至于灰心绝望至此。不求盼望"留得青山在，不愁没柴烧"的念想，只求得一蓑烟雨，闲话清风月明。不求"采菊东篱下"归隐山野，只求思茶思饭检点行藏。

政付东流时，寻得新生之道。可惜，这一切的一切，并不如董竹君想得那般完美。

重担一身兼

董竹君在日本读书的那些年，对法国那个自由平等的国家尤其向往，当初若不是匆忙回国，她或许早就留学法国。她心中坚信的是，人的一生不应停止上进的步伐，有追求的人生才是有价值、有意义的人生。

第一次世界大战之后，欧洲成为世界经济、政治和文化的中心，欲出国留学的人也是越来越多。董竹君不单单是渴望法国巴黎的风情，更是真心喜欢那个自由博爱的国度，于是她在四川成都安平桥法国修道院补习法语。

可是繁重的家务事和生育孩子的艰辛让她的愿望再度落空，只学了两年的法语就被迫停止。她的丈夫是不喜欢她去法国的，他认为法国过于自由，对于一个年轻的女人来说没有任何好处。这与董竹君想出国增长见识的观念截然不同，即使他们当初结婚时是采取法国的自由婚姻形式，可如今夏之时却抵制法国的自由平等，思想转变如此之大，着实让人无奈。

夏之时现在做事，总是让董竹君喜忧参半。董竹君喜的是丈夫在四川成都的包家巷创办了锦江公学，锦江公学的创办有益于促进社会公益事业的发展，何乐而不为呢；可是令董竹君悲伤的是，夏之时爱赌钱，而且有去无回，不单单是输钱，连人品也跟着输掉了，他的脾气秉性越来越差，后来把锦江公学停办了。

董竹君看着丈夫日益消沉，并没有对他完全失望，而是一如既往地想方设法去把他引上正途。从改变他的兴趣和情绪着手，为他新造新书房，希望他多看新书，却不料他独独爱收藏古董书画，对此董竹君束手无策！

若是说，相爱靠一点一滴的好去积累，那么感情的决裂，便是由那一系列的坏去破坏。夏之时之于董竹君，是丈夫，是相互扶持的一世相守；而董竹君对于夏之时来说，却是附属品，是有情感的装饰品，可以给他带来荣耀，却再也不是平等相对的患难夫妻。

在新居的那段日子里，夏之时带给董竹君的种种坏，让她彻底失望。

1920 年年底，董竹君怀的第三个孩子即将出生，就在此时，夏之时做了一件事情气得董竹君欲离家出走！

夏日黄昏欲雨，夏之时就在此时派卢炳章催促正在收衣服的董竹君去客厅打牌。董竹君觉得打牌不是什么正经的事情，加上劳累疲惫就不去了。再三要求之下，她无奈前往，不料夏之时竟对有孕在身的妻子施暴，董竹君不能容忍丈夫的粗暴，郁结于心。

阴雨连绵之际，董竹君决定离家出走，一个不懂得上进、意志消沉的丈夫，一个忙里忙外不得歇的家，她竟想到了逃避。老用人在后面跟着她，担心她会出什么意外。脚下青苔险些使她滑倒，她的丈夫竟是这般的不讲道理，她还能上哪儿去，为了她的孩子，她最终还是回去了。

夏之时认为她的责任就是作为一个妻子和一个母亲，可是在董竹君看来，首先她是一个独立的人，她还有对自己的责任。

夏之时得寸进尺地欺压她，终究是认为她出身贫贱，认为她的人生就得围绕着他夏之时转动。可是他从来没有想过，董竹君是一个有感情、有自立之心的人，终有一日不会围着他的世界而转动。

1921年初夏，董竹君身患肺病。这个时候，她想到的不是自己的生死，而是若是她死后她的孩子怎么办，她不能让孩子痛失母亲。想到这些，她下定决心要安心养好病，狠心暂时将家务和孩子放一边，独自移居别处静心休养了三个月。

令她心寒的是，丈夫夏之时从未踏入她休养的亭子一步。他不过是担心肺病会传染罢了，若不是这个原因，还有什么原因令他在这个大院里一次也没有去照顾患病的妻子？初结婚之时，他们曾山盟海誓，无论贫贱，无论生老病死皆相互依靠扶持，不离不弃！转眼几载春秋，昔日的誓言早已经抛至脑后。

董竹君病好之后，就逢上夏之时每年必过的大生日。他爱热闹，所以董竹君必须尽心尽力让这个生日宴会热闹起来，又是宴请宾客，又是张灯结彩安排戏曲。那时，愉快享受的是夏之时，忙得焦头烂额的却是董竹君。

他们富贵人家，做寿不单单要讲究排场，连做丧亦讲究排场。讲究排场的后果就是不单单劳心费力，更伤财。

董竹君曾经在夏家帮二爷做丧事，披麻戴孝，忙得晕头转向。那为死者"赎罪超生"的七七四十九天功德，真的会让人倾家荡产。看着这排场，董竹君不由想到当年他的父亲患病时，连医药费都没有，而他们富贵人家却这般劳累伤财。可这些又有什么意义呢？这些话都是夏之时所不赞同的，现在的夏之时全然一副封建老爷的样子，哪会听董竹君的想法。

她恼怒的是什么呢？只不过是她看不惯有些富贵人家生前享福，死后还铺张浪费做所谓的功德赎罪；而有些穷苦的人家生前受尽苦难，死后连棺木都买不起，更不用说是做功德了。

这辈子做了有钱人，下辈子还想投身富贵人家；难道穷苦的人家下辈子还是生于患难吗？董竹君对这些命运之说感到荒谬！

在陋习方面，董竹君与夏之时产生了分歧，然而他们的分歧远不止这些。在封建大家庭中，最常见的莫过于重男轻女，这也是董竹君不能忍受的事情。

他们搬来成都的第二年，大女儿国琼生了痧疹，危及生命。董竹君当即为她腾出一间房，并把家务放一边专心照顾国琼直到康复。

　　看着国琼因高烧而喉咙发炎，她的父亲不仅对她不管不顾，反而责怪她的母亲不该丢下家务而去照顾一个女孩子。夏之时重男轻女的思想是受那个封建大家庭的影响，夏家老太太极其不喜欢女孩子，就连着整个家族都宠男不爱女。

　　更可怕的是，当年夏家老太太竟然为了生儿子把自己生的第二个女儿狠心淹死，最后竟真生了两个儿子。不单单杀死自己的女儿，甚至连媳妇的女儿也想冻死。董竹君得知这些可怕的事情后，对夏家更是心怀提防，她绝不能让夏家的人害了自己的孩子！可是，即使她逃离了那个封建家庭，只要在夏之时身边，事情还是没有变化。

　　1922 年，夏之时将精心修建的东胜街大院出售，辗转又迁回将军街居住。为了增加家庭经济，他购地新建商铺出租，全家靠着田租和房租过日子。

　　将军街的住宅虽没有东胜街大，可中西结合的房屋显得极其新颖，结构精致，董竹君喜欢这种有格调的房屋，现代化的布置显得简约又精巧。

　　可是生活的改善并没有给董竹君带来好运气，更甚是在 1922 年春末夏初之时，董竹君患病卧床不起，中西医治皆无效。而在董竹君患病期间，亲朋好友皆认为董竹君得的是干血痨，命在旦夕！

　　就在别人认为董竹君将死之时，董竹君的干妈尹老太太出手相救，她才得以存活。尹老太太是个女中医大夫，董竹君对她很是尊敬，且老太太待董竹君如同亲生女儿。得知董竹君患病后，特去夏家为董竹君医治。

　　原来董竹君并非患干血痨，而是怀孕了。因操劳过度导致胎气不足，急需安心养胎。此时，即使他们不相信董竹君还有生还的可能，却也唯有死马当活马医，按照老太太的医嘱，静心服药安胎几个月之后，女儿国璋顺利出生。可是夏之时看见又是一个女孩子，竟冷眼旁观！

　　他不喜欢女儿，可即使是不喜欢也不能看着刚出生的孩子而不管不顾。然而，夏之时作为一个父亲就是这般不负责！

　　令董竹君无暇顾及的是，女儿国璋约四岁时，大腿突患重疾，危在旦夕。夏家当即把国璋送去四圣祠医院，经诊断得知国璋的腿病根在腰椎部，每日脓水不断，病情危急。

　　然而西医并不奏效，董竹君欲请中医为女儿医治，夏之时却反对，可董竹君只要看见一丝希望也不肯放弃，遂让老中医为国璋治腿。

　　小国璋很是乖巧，懂得董竹君的辛苦，自己乖乖吃药，从不哭闹！天意难猜，祸不单行，在国璋病危之时，六岁的女儿国瑛从楼梯跌落下来，两个孩子同时生命垂危。董竹君痛哭不已，在她和孩子最需要关心照顾的时候，夏之时却从不近身。那些所谓爱的责任，在他眼里视如无物！

　　数十年的患难夫妻，如今怎么走到了这个地步！人生若只如初见，何事秋风悲画扇。等闲变却故人心，却道故人心易变！

二人心不同

1926 年正月初五，在夏家是一个喜庆的日子，亲朋好友、宾客三四桌，张灯结彩为董竹君祝寿。而初五并不是董竹君生日那一天，只是按照当地的习俗，必须在生日前夕进行暖寿。也就在这个喜庆的日子里，她未料想到他们盼了多年的儿子终于诞生了。

董竹君看着他们老老少少准备尽情狂欢打牌，预备次日中午去餐馆正式为她庆祝寿辰。而董竹君却再三推迟不想去，因为那时她正怀着孩子，并且即将临盆。浮肿的身材，身心疲惫，却硬是推迟不掉这些应酬。只得趁着他们玩得尽兴的时候独自去了四圣祠医院，巧的是在董竹君生日次日辰时，儿子大明出生。

可是在儿子出生时，另一个尚未发育的小生命被剥落了！董竹君当时怀的是双胞胎，但因她身体虚弱引发高烧，若是不及时把那个尚未成熟的胎儿剥落，她将自身难保。

若当晚董竹君没有进入这家医院进行专业的治疗，若没有这医道高明的医生为她接生，恐怕她早已经不在这世上了。哪会有夏家的欢喜，哪会有她董竹君的传奇一生！

夏家千盼万盼的儿子终于出生了，可笑的是，夏之时每次在董竹君生产的时候都开始准备好庆祝，期望能生一个儿子，然而每次都使他失望。于是这一次，当董竹君生了第五胎时，竟恼怒地不再准备庆祝了。

生儿生女岂是一个母亲所能决定的？夏之时枉为进步知识分子，竟把这个莫须有的罪名归结到一个辛苦生产的女人身上！

董竹君的儿子按家族排名取名为大明，乳名为"和尚"，意为孩子无灾无难、多福平安地成长。

夏大明摆满月酒的时候，宾客如云，热闹非凡。夏家上下欣喜异常，可是董竹君不愿这般铺张浪费，不是她不会过富贵人家的生活，反而她过的生活可以精致细腻，但精致不代表着浪费。想她曾是穷困人家的孩子时，连温饱都难以解决，更何谈铺张浪费。

为了这个问题，董竹君和夏之时大吵一架，谁也不肯退步。夏之时笑董竹君连骨头都是贫贱，不懂得享受生活；而董竹君则认为生活应当过得有意义，这意义不应用排场来展现。两人思想不合，言谈不一，心存芥蒂。

经过这一系列的事情，董竹君深深觉得，作为一个女人在社会上的地位真的太低了，特别是在封建大家庭中。脑海中竟闪过"女权"二字，一个女人拥有权利真的很重要，不必再作为一个男人或者一个家庭的附属品，而是一个有独立人格的人。

但是想要拥有属于一个女人的权利谈何容易，董竹君认为即使困难重重也要一试，没有去做，又怎么知道不行呢。

当董竹君接到婆婆从合江发来的电报那一刻，她就知道老家出事了。当即动身回到合江，事情的原委竟是夏家大兄长侵犯了丫鬟佩琼，致使她怀孕却不顾，任由大嫂和大侄女致佩琼于死地。

大嫂和大侄女又怎会让夏冕昭纳佩琼为姨太太呢？即使是表面答应，暗地里还是会想出办法去害死她，一个丫鬟的生命就如此惨痛地被了结，全无人权可言。

董竹君的婆婆匆忙召董竹君回来，不过是看在她懂事而且有计谋，让她想办法保住佩琼的性命。事实上婆婆并不是在乎佩琼的性命，而是佩琼脾气好且身体健壮，直觉她会生男孩，就千方百计想保住她肚子里的孩子。

这件事的祸首是一家之长的夏冕昭，董竹君未曾想到平日里一副正人君子模样的兄长，竟是一个伪君子，别看他平日里烧香念佛，有时周济穷人做好事，这些不过是他的伪装罢了！

既然夏冕昭惹了祸事而不肯去保佩琼，她也不能看着一个孤苦伶仃的丫鬟惨死异乡。几番劝解之下，大嫂和大侄女还是不肯放过佩琼，董竹君无奈之下只好与婆婆商量着把佩琼偷偷带离这个家。佩琼和董竹君一同去成都之后，孩子生下来就送给别人抚养，她则留在董竹君身边做事。

董竹君觉得佩琼一直跟在自己身边也不是办法，现在她身边的两个丫鬟都出嫁了，心想着若是能帮她找回家人是一个办法。董竹君就以佩琼满口的重庆土话去重庆寻找她的家人，去了重庆之后，靠着一丝一缕的线索，竟然真找到了佩琼的家。

这件事情虽然已经解决了，可董竹君知道，小丫头在封建的家庭里，是没有任何地位的。封建家庭对丫鬟的压迫十分残酷，但丫鬟同样是人，凭什么要向封建势力妥协？董竹君因此更加坚定了要反封建提倡女权的决心！

个人的命运靠天靠地靠他人甚是难以改变，人想要稳固自己的权利，必须要懂得自己掌握命运，自强不息地与命运作斗争！

董竹君的女权意识并非凭空而生，早在1919年北京大学生抵抗"二十一条"丧权辱国的和约所爆发的"五四"爱国运动时就有了念头，那股爱国热潮迅速传遍大江南北，包括四川偏僻封闭的内地。

伴随着"五四"运动对封建礼教的冲击，新思想、新书籍等不断走进大家小户，董竹君欣然接受新思想的洗礼，带着孩子接受新的思想教育，脱去封建愚昧。

董竹君还把新的生活融入现实生活中，无论是日常的衣食穿着，还是住行交往都以新思想为标准。给孩子穿西式衣服，孩子蹦跳自如，看起来十分有朝气活力。一家大小都喜欢穿西装，简约又有生气。

在饮食方面，董竹君为了讲究卫生，改为每人一份的西式吃法。就连家庭装饰也全然西式化，这些在他人眼里，对夏家这种洋派的做法则褒贬不一。

新思想的冲击，并没有把夏之时从"无权柄"的苦闷中解救出来。他每日除了收藏古董书画之外，就是信佛教，吃斋念经，闲敲木鱼与和尚来往。可是，他更爱与政治军人打牌赌钱、痴迷鸦片，董竹君不愿看见自己的丈夫日益消沉下去，一遍遍地劝说他，可是他却以不会花她娘家的一分钱回绝她，着实令她伤心。

贪恋军权的不单单夏之时一个，还有同乡好友戴季陶。

1923 年，戴季陶政治末路，竟在回乡途中投江自尽，他的性命虽有幸得救，可他的灵魂却似被水妖吞没，哪里还有一丝生气，分明就是一个行尸走肉似的消沉之人。

可董竹君却乱投医，寄希望于戴季陶，她以为戴季陶可以带着夏之时改变消沉的人生态度，却不料戴季陶本来就是一个自杀未遂的亡命之徒。那一次同游峨眉山，董竹君把想改变丈夫的想法告诉戴季陶，并托他给夏之时送一些进步书刊，让夏之时接纳新的思想。

可峨眉山一行，在董竹君欣赏着峨眉山缤纷的秋色时，戴季陶竟一个人躺在庙里吸食大烟，至此，董竹君再也不寄希望在戴季陶身上。夏之时的思想在走下坡，纵使董竹君千方百计也未能挽回那个曾经意气风发的壮年英雄。

董竹君在接受着新的思想，而夏之时的思想却在滑落，他们的观念注定背道而驰。思想不统一，感情的裂痕难免日益加大。

夏之时在董竹君身上的绅士风度早已经用尽，他再也不是那个会欣赏楼梯转角低头一笑的董竹君，他的妻子在他眼里不再是幸福，不再是晴朗的天空，而是权威的见证。拳脚相加的不是身体，而是人心！

有一天董竹君忙完家务之后，晚上精疲力竭还要为他修剪脚指甲，不料恍惚中把他的脚趾弄伤了。迎面而来的一脚，让董竹君倒地不起，董竹君用异常平静的眼神看着夏之时，难道她在夏家的地位形同丫鬟？日夜操劳不算，还得忍受他的恶言恶语以及暴力。

在夏家，夏之时就是权威，就是皇帝，谁都得围绕着他。无论是白天黑夜，还是一年四季轮回，董竹君为了这个家，尽心尽力操劳，烦琐的家务，还有待人接物以及孩子的教育，哪一样不是她亲力亲为。夏之时蛮横，董竹君辛酸，这个家，连同孩子都在惧怕父亲，同情母亲。

这些都是她作为一个妻子、一个母亲所能忍受的，她所不能忍受的不外乎是夏之时对她思想的怀疑以及轻视。

1925 年，董竹君生了沙眼，不得已去法国人开的私人诊所医治。刮沙眼是一件极其痛苦的事情，医生手拿着铜丝刷子问她是否需要麻药，董竹君精神一振，想起当前在上海发生的"五卅"惨案，为了向外国人证明中国人并非懦弱，竟拒绝使用麻药。

昔日关云长刮骨疗毒，如今她刮沙眼算得了什么。即使痛得脑袋炸裂，她也要证明，中国人并非懦弱之辈！

回到家中，夏之时得知董竹君竟做这等事，不但没有赞赏，反而轻视她一个女人没有必要争这一口气。夏之时觉得没有必要的事，正是董竹君觉得有意义的事情。

或许，夏之时对董竹君的不好她还能忍受，她不能忍受的是夏之时看不起她的父母双亲。正如，贪官把杖打在窦娥身上时，窦娥依旧坚定不肯低头，当杖加在老婆婆身上时，她唯有含冤待雪赴死。同理，董竹君最不能忍受的是夏之时竟虐待她一生贫困受苦受难的双亲。

董竹君双亲从上海被接到成都与夏家一同住，初来之时还是面黄肌瘦，往后精心调养之下才慢慢健康起来。

别看他们精神饱满、肤色滋润，在夏家却有气给他们受。夏之时诬蔑董竹君父亲偷吃他的鸦片，即使董竹君为其父辩解，夏之时还是不信，这让董竹君觉得他不可理喻。

不单单她的父亲在夏家受委屈，她的母亲在夏家也不好过。当董竹君遗失省吃俭用买的金簪子时，她竟整日哭哭啼啼舍不得，这哭啼声被夏之时听见，他竟吩咐仆人把董竹君母亲绑起来不许她哭。

董竹君当即气得说不出话，她的丈夫怎么能这般对待她的双亲，哪里有一丝亲人的情分。想起受苦受累的双亲，董竹君辛酸流泪，她硬是不肯用夏家的一分钱给双亲买什么，这都是她的骨气，一个穷苦人家的骨气。

夏之时又如何不知道，他们夫妻之间的感情在走向破裂，俗话说破镜难重圆。这面本是圆满的镜子，他亲手摔破，毫无怜惜。

齐家立业故

在成都生活的那段日子，董竹君除了管理家务之外，还得经常陪伴丈夫到亲朋好友家去应酬。他们所谓的应酬，无非就是打牌吃饭，并无其他意义可言。这些事情，对于董竹君来说就是坐食山空，浪费时间。

董竹君通晓应酬之法，却无应酬之心。那些同行的太太们给她取了一个名字叫"夏心慌"，因为她总是掐准时间去，吃了饭就回，来去匆匆，根本就不愿与她们抽烟打牌，这些行为在她们看来就是"心慌慌"的表现。

她们那些茶余饭后的事情，不过是讲究穿着、时髦和八卦之类的，这些事情董竹君都不感兴趣。当你对他人评头论足的时候，或许别人也正在背后对你说三道四，这世上根本没有不透风的墙，也没有遮得住的秘密。

董竹君不想每日在乌烟瘴气中待着，总有一日这个家庭会不成样子，即使这个社会暂时是这般，她也要接受新思想，学会独立，并依靠自己的力量做一些改变。

于是，她想到了创业！创业谈何容易，正如夏之时反对董竹君那般，她一个女人家怎么老是想着做男人做的事情。可董竹君认为，首先她是一个独立的人，她本该依靠自己的努力为自己的独立做一些事情，若是成功了将会带动更多的女人一同独立起来，这是她的愿望！

何为"女权"？一个女子的独立权利当从女子职业这些问题谈起，只有一个女子能够在经济上独立，她才有可能获得平等的权利，不再是家庭的附属品。思前想后，董竹君决定为女子和贫穷下层人家做一些实事，即创办女子织袜厂和黄包车公司。

她想要创业，可创业资金在丈夫夏之时手中，想从夏之时手中拿到创业的钱可不是容易的事情。想当初她为女儿的学业费用跟夏之时已经有诸多的不合，加之他赌钱和吸鸦片等需要钱，他又怎会把钱用在那些实业上呢？

董竹君创办实业的初衷是让女子也有赚钱的本事，减轻家庭负担，提高在家中的地位，一改四川闭塞的陋习风气。再者，她创办黄包车公司，着实不忍看见那些面包车夫像她父亲曾经在上海拉黄包车那般艰辛，还得担忧一家生计，不外乎是车租太高，赚钱太难。

当然董竹君不可能把初衷告诉夏之时，若是他真心想创办实业造福百姓，当初就不会把锦江公学关闭。至此，她唯有告诉夏之时，她创办实业的原因是想增加家庭的收入，况且这种小作坊即使是失败了也不会亏多少，同时，当时丝袜在四川这种地方还是少见，物以稀为贵，肯定能赚大钱。至于出租黄包车，亦是有利可图，毕竟当时市场上出租黄包车的租金太高，若是他们把租金定合理，肯定也能赚钱。

只要能赚钱，夏家收入增加，夏之时脸上也是增光，玩得更是尽兴，此时，他不再反对他的妻子在外面像一个男人那般艰苦拼搏创业。而董竹君则认为，吃这些苦都是乐的，这不单单是自己的经济独立，更是诸多女性的经济独立，她终是为女权做了一些力所能及的实事！

1924年，董竹君迅速着手创办女子织袜厂和黄包车公司。织袜厂门市部设在东胜街，起名为"福祥女子织袜厂"，聘请师傅教那些前来工作的贫苦女子织袜。

自董竹君开始创办实业，她就有借口拒绝一切无意义的应酬，专心把心思放在创业上面。她叮嘱那些女工，要努力认真地工作，唯有赚到钱，才能拥有更多的自由，即使不为自由，也能为一家温饱做一些事。

织布机的声音日夜不息，极其有规律，董竹君的孩子在她教导之下，个个爱好学习，每日清晨读书声不断，两声相映成趣，尽显朝气。可是，夏之时除了给董竹君提供资金之外，从不插手创业的事情，所有的艰辛由董竹君一人承担，他则和一群所谓的知己好友在屋内打牌吸大烟。

1926年，董竹君决定用开办女子织袜厂赚的资金在桂花巷租房子创办"飞鹰黄包车公司"。当她创办这个公司时，她的双亲自告奋勇愿协助她经营，毕竟她的父亲拉了大半辈子的黄包车还是相当有经验的。

董竹君看着双亲起早晚睡，为公司做事尽心尽力，一方面心疼她的双亲，另一方面她又充满动力，告诉自己必须要成功。

董竹君的经商之道以做实业必须保证员工的福利为标准，

员工有了动力，生意自然会好起来。例如她开的黄包车公司，首先教导车夫先要保重自己的身体，并以承担车夫负伤的医药费用。除此之外，她还给予员工良好的保障，免除他们的后顾之忧，车夫若是付不起车租可以分期付款，车的修理费和制服费都由公司出。

在开办实业那段期间，董竹君每日除了专心处理公司业务之外，还要尽心管理家务，侍候丈夫和孩子起居，几乎成了女强人。如此繁忙，她会不累吗？可是即使再累她都愿意，因为她看着公司和家庭充满朝气，就感到十分欣慰。

值得研究的是董竹君对孩子的新式教育，纵使夏之时日日约朋友到家里面打牌抽烟，但她从来不让孩子去靠近烟盘和麻雀牌。这些陋习她没有，更不能让孩子染上！

董竹君爱清洁的习惯打小就养成，小时候她家里虽然穷，家具也没几件，可是她的母亲每日都把地板擦得干干净净的，再者就是她在日本生活的那些年，早就养成了爱好整洁干净的好习惯。回国之后，她以身示范，把这些爱好清洁卫生的习惯传出来，夏家的人都愿意接受她拟定的家庭规章，过上有条有理、充满朝气的生活。

在董竹君艰苦创业期间，夏之时除了日夜打牌、抽大烟之外，还企图东山再起，于是天天与一些同样是政治失意的政客商讨大事。在夏之时刚刚失去兵权时，董竹君是希望她的丈夫能沉着积累力量，他日东山再起。可在夏之时第一次创办锦江公学时，董竹君看到了比东山再起更有意义的事情，如今她不希望她的丈夫整日幻想着再握兵权。

若是如今的夏之时再登政坛，则有可能多了一个争权夺利、危害国家、剥夺百姓的军阀。再则，那些所谓会帮助夏之时重回政坛的政客，实际上不过是想借夏之时的力量为自己谋取高位罢了。正所谓天时地利人和都不具备，他想重回政坛是痴人说梦。

董竹君认为，现在夏之时能做的最有意义的事情就是创办实业，为社会的发展做一些贡献。若是他决心创办实业，那些政客定会敬他是辛亥革命的元老而资助他，毕竟他创办实业，并不会与那些政客产生利益冲突。创办实业，惠及社会，何乐而不为？然而，夏之时并不是这般想，纵使董竹君如何劝说也是无用。

夏之时看着董竹君一次次与他作对，在他眼里就是在挑战他作为一个丈夫的权威。她年纪轻轻，懂得什么，他可是从刀山枪头一路走过来的，他深知社会在变，可是他放不下他的门第观念，舍不得他的官僚架子。

董竹君一心一意脚踏实地创办实业，而夏之时盼望东山再起的时机亦到了！

早在 1925 年，孙中山先生不幸逝世，国民党右派势力以蒋介石为首勾结帝国主义，破坏孙中山先生主张的联俄、联共、扶助农工三大革命政策。1926 年，段祺瑞勾结帝国主义酿造"三一八"惨案。次年，蒋介石背叛革命，实行"清党"政策，造成"四一二"大屠杀。

　　董竹君在偏远的成都眼看着 1927 年发生的反革命政变，这场政变残酷屠杀共产党人，致使北伐大革命失败，第一次国共合作也就此结束！

　　国事混乱，社会动荡，董竹君想到了国家，想到了人民，也想到了家人的前途。她迷茫，这日子到底该如何过？

　　1928 年，夏之时认为国家局势如此，正是自己东山再起的机会，于是他决定当年春天去江南一带了解南京政府以及其他军政界的情况，以图再返军界。董竹君十分支持夏之时离开四川前往江南，即使不支持他东山再起，她也想夏之时离开这个闭塞且封建气息浓重的地方，去江南接受新思潮的影响，至少还能让他不再如此意志消沉。

　　夏之时在去上海之前，先从成都回到合江。回合江的时候，他带着身有婚约的大侄女去上海。大侄女去上海实则为逃婚，夏家刚开始是很满意这件门当户对的婚事，后来因王家败落，夏家竟想悔婚。离婚期仅十日的时候，夏家推脱大侄女患病需去上海医治。夏家欺贫爱富到这一点，着实让董竹君心寒。

　　1928 年秋，夏之时去上海已半年，董竹君独自在夏家创办实业，照看一家大小。生性耿直的她，一腔古道热血在心头，遇见不平的事情，定会尽力去主持公道，这并不是因为她是在世观音，恰恰相反，她只是世间的一介平凡女子，想做一些不平凡的世俗道义事情罢了。

　　那年秋天，她救了女子高中国语教师文老太太的遗腹子文兴哲。文兴哲方年十八，在中学闹学潮被军警抓去要枪毙。在这场"二一六"惨案中，不少师生成为枪头鬼，当时文兴哲能脱离枪头，并非念他年纪小，而是军警想利用他招出更多人。

董竹君非常同情这批爱国青年，遂把文兴哲一家收留在夏家，并利用自己的势力帮助他们度过劫难。

当时的社会军阀林立，各自称霸一方。文兴哲在夏家住的那段日子，经常与董竹君谈论共产主义。这慷慨激昂的言论，在董竹君心中，更加坚定了国家兴亡匹夫有责这个观念！

一别两不宽

寂寞空庭春欲晚，梨花满地不开门。1929 年，春季来临，但是初春的喜悦并没有带给董竹君，时下，正当川局最为紊乱的时刻。

刘文辉、邓锡侯、田颂尧三军驻扎成都，他们在治下抽拉壮丁，各自设立枪厂，造枪弹，招兵买马，扩充势力，逮捕进步人士。甚至改铸银元为五角"厂板"和二百文铜板于市面通行，造成市场币值贬值、人心惶惶的局面。

董竹君明白这种做法必然会影响百业，甚至会造成百废萧条的局面，底层的人民将再受颠簸。军阀割据，百姓死活谁又去管，她爱国，可心有余而力不足焉。

董竹君目光深远，她看懂了局下，黄包车公司和袜厂都有倒闭的危险，在这个关头，还是早早将它们结束为好。不然再经营下去，失败了又会惹得丈夫生气怪罪。

想起夏之时，董竹君忧愁万分，他真的变了，甚至变得让她不认识。丈夫守旧，再没有年轻时那股冲向日本求学的劲头，新潮流、新思想的到来，在董竹君积极去改革之时，他却避而远之，不复昔日一起探讨学问的盛景。彼时，他走了老路子，向着成为一位封建老爷靠拢，吸鸦片，打骂下人，嫌弃自己的女儿，种种恶习缠身。

这几年，董竹君和他想法不合，丈夫根本不同意她的一切想法和计划，甚至打骂有余。她对他的感情，越来越淡薄，二者似乎成了不相交的平行线，再难走向一条道路。

董竹君乃有决断之人，做事从不拖泥带水，当下便结束了黄包车公司和织袜厂的生意。为求稳妥，把所有的资金暂时购置了田地，并且将这些财产交给了六弟夏有为保管，仅拿着现金一百元和一张三百元的支票，带着双亲和孩子启程去沪。

儿子大明没有同行，董竹君考虑到他太小，才两个月大，不适合这样的长途奔波。董竹君对封建习俗嗤之以鼻，大明却应着这封建的旧观点过继给了三房为长子，也有这点原因才没带上大明。当时她没有想到，此刻与儿子的分别，再次相见却又是十几番寒暑。

此次去沪，除了要好好地同丈夫商谈家事，董竹君也有着自己的打算：

其一，双亲因公司结束，闲置下来，同去沪探亲。

其二，大儿述禹和他未婚妻及其姐去考大学。

其三，国琼去考音乐专科学校。

其四，国瑛、国琇可去观看沿途风景，欣赏大自然，开阔眼界，接收新思想，国璋也可去沪养病，协助文兴哲去法国留学。

1929 年，还是这年春天，一行人来到上海，春意正浓，但其中由寒冬留下的一丝寒气却依旧凛冽，让人心里冰凉。

刚刚一进门，董竹君迎来的便是丈夫的责问，问她为何要带着孩子来上海？暗地里大侄女又和夏之时说是非，她总是怂恿挑拨他们夫妻感情。

令董竹君无语的是，他思想守旧看不清时局，责备董竹君关闭黄包车公司和织袜厂这两个赚钱的行业。如今的他以冷漠对待夏家的亲人，认为董竹君不该救济夏家兄弟，毕竟他们早已经分家，祸福各担。

对此，她没有争辩，只是故人心易变，这么多年的夫妻，患难一起走过，相遇相知相爱，如童话一般。而今，竟是被他这般疏远，如同外人，董竹君看得真切，却无可奈何。

事已至此，董竹君更加注重四个女孩的前途。为了女儿的学业前途，董竹君勇敢地站起来与丈夫力争，四个女儿必须大学毕业，这夏家的钱花在孩子身上是最为有意义的事情。

她劝夏之时跟着时代潮流走，放下官架子老老实实地做个社会人士，办些社会福利事业，收缩开销，重视子女的教育。人要实在，不要活在梦里，借着旧声势坐吃闲饭是不长久的。

面对董竹君的劝诫，此刻的夏之时又岂能听进去，其间还曾怀疑董竹君私藏了财产，还好有六弟的回信为证。董竹君无奈叹息，人心易变，躯壳尚且完好，灵魂已然沉沦，她一步步走来，越发坚定，而夏之时却不是当年的夏之时了。

即使她想用感情去感化他，使他转变，成为国家之才，携手报国，可夏之时反而提出各种不近人情的苛刻条件。董竹君咬牙思量，这样的夫妻做下去还有什么意思。此后，董竹君与他在子女的教育问题上吵得越发厉害。几番思量之下，董竹君做出让步，答应回四川。夏之时赞同把大的两个女子留沪读书，小的两个带回去。

就在这个时候，发生了一件让她震怒的事情。夏之时无意中撞见大女儿国琼和房客文兴哲走得近，便恼怒地惩罚国琼，把剪刀和绳子丢给国琼让她自杀。作为一个父亲，纵使孩子千不该万不该，亦不能轻率叫其自杀！况且，国琼并未有错，若是国琼真的与文兴哲相爱，就如同当年董竹君一心追随夏之时那般，是真诚，是不悔，为何他就是不能理解呢？

文兴哲那时正被追捕，如夏之时当年一样，整日在避难却不忘国家大义。然而，夏之时是国民党，而文兴哲是共产党，加之当时夏之时不愿卷入这场灾难，遂坚决阻止国琼倾心文兴哲。董竹君只知道，她必须要救国琼，孩子是无辜的，守护孩子是她的本能，即使与夏之时为敌亦不在乎。

不但如此，更甚的是，国琼钢琴老师张景卿寄给董竹君的信落入夏之时手中。于是，夏之时觉得董竹君背叛了他，无论董竹君如何解释，他始终不相信她的为人，一股脑地认为董竹君是堂子卖唱的贱骨头。遂不问缘由地对她拳脚相加，脚上锃亮的黄色长筒马靴踢到她的胸口，董竹君知道敌不过他，不顾头昏脑涨和疼痛，跑了出去，夏之时却是从厨房拿刀追了过去，最后幸好被他的侄子拦住，经过这件事，董竹君坚决要和他离婚。

冰封三尺非一日之寒，董竹君下定决心要与夏之时离婚。爱，若是只剩下恐惧和不平等，何为爱？不如就此分别，各觅生路！

董竹君带着孩子离开夏之时之后，夏之时约她到法国公园谈话，从董竹君的出生说起，到后来的日本生活，他们相依为命，在家族中对她的支持，以及那一夫一妻的对待，这些都是夏之时对董竹君的好。若是带着四个女儿离开，以后如何生活，甚至说到日后准备修葺房子养老，他软硬兼施，似是抓住了董竹君的命脉。

董竹君看着天空，弯弯的新月能给她毅力，法国梧桐能给她安宁，她沉默不言似是石人。

这些年多少次委曲求全，为他的前途担忧，为金玉其外，败絮其中的家庭担忧，她已唇焦舌敝，心血绞干。可他无动于衷，执迷不悟，不顾家人，打骂双亲，甚至要置她于死地。为此，董竹君毅然决然地选择离开，不再回头。

董竹君：一首激扬的命运交响曲

人有悲欢离合，月有阴晴圆缺。董竹君变得更加坚毅，当断则断，岂能再回火坑！若是妥协，她何来传奇的一生呢？

再次详谈时，夏之时企图用感情把董竹君挽回，从她逃离堂子说起，日本求学，烂漫的樱花国的那些美好，到彼此扶持共同渡过难关的深刻记忆。回国后，在家族中对她的帮助，他说了很久，说了很多，这一夜悄悄地过去。

他谈到触情之处，董竹君低头咬紧牙关。

他说到患难相交，董竹君沉默攥着手心。

他说到船上浪漫，董竹君闭眼泪水横流。

而董竹君只有一句话，就是要和夏之时先分开五年，看谁的路走得通就服从谁。

他拍案而起，怒斥她不念旧情，铁石心肠，董竹君只是看着他没有再说话，铁石心肠得需要怎样的打磨才能铸就，他又何曾想到伤了她多少？

在众位朋友的见证下，夏之时同意了先分居五年，允诺给四个孩子每年生活费和学费一千六百元，看看今后谁是谁非，但是这笔钱，董竹君后来未曾收到分文。

1929 年秋，巴山夜雨，习习凉意。迁居的当晚，董竹君吃了两碗饭和好几块红烧肉，如同脱离苦海般的轻松，包袱太重，一旦卸了下去，这种舒适感觉会让灵魂也跟着徜徉，枯黄的秋色，落英缤纷，董竹君含笑，正当是我言秋日胜春朝，这年的春秋怎的如此应景呢。

她知道未来的生活将会艰难，但是她有的是毅力。这么多年过去了，若非坚强，若非自立，她又何以走到今日。

她的独立，不单单是经济上的独立，更是内心上的独立。若是经济上独立了，心还是脆弱的，那也不能成大事；若是经济和心理都已经独立，还有什么困难不能克服呢？

此后千山万水，山长水阔，只要她还在，那么她就会想尽办法给孩子一个好的发展前途；只要她还在，就不会停止前进的步伐。曾经过得太苦了，并不代表她会沉溺繁华而沉沦，正是因为太苦了，她才要思变！

第四章

竹中君子玫瑰梦

勇闯上海滩

　　1934 年，这是董竹君和夏之时分居生活的第五个年头。夏之时特地依约来到上海，约董竹君在沧州别墅谈话。夏之时此次前来不过是想劝董竹君带着孩子回四川，夏家若是少了董竹君这般能干的媳妇，终究不是一件好事。

　　然而对董竹君来说，离开夏家始终是正确的选择，即使当时她的父亲旧疾复发卧病在床，而夏之时承诺她只要回川便拿钱给她父亲看病，她也不愿再回到那个封建家庭中，受尽身心的欺压！因此，她坚决要与夏之时离婚，再也不回夏家。

　　往日在夏家受尽苦与痛，她都可以忍受，因为她知道，她还爱着她的丈夫，而她的丈夫也十几年如一地爱护她，至今未曾娶一个姨太太，这是董竹君感到欣慰的事情。然而，度过患难、度过喜乐之后，他们终究是分开了！

双方谈定离婚事宜之后，一同去上海律师事务所签订离婚协议。而董竹君当时所提出的条件几乎震撼了在场的律师，至于夏之时，在那一刻，也许曾有一丝悔恨！这两个简单的条件是：

"其一，分居时候，讲好按月汇贴孩子的生活费用，然而五年来未见分文。孩子父亲是有钱人，不要再像以前那样不汇分文，让孩子们长大成人，只知其母不知有父。"

"其二，天有不测风云，人有旦夕祸福，我若有个意外，请求他念儿女骨肉，夫妻多年情分，继承我的愿望培养他们大学毕业。"

除此之外，董竹君再无条件，在座的离婚证人听完个个热泪盈眶。那一刻，夏之时竟走到董竹君面前与她握手，"竹君！今天才知道你的人格。你所提出的要求，完全可以办到。"

夏之时是时至今日才知道董竹君的人格吗？早在她十五岁赤手空拳独自逃出堂子那时，他就当知道，他的妻子不是一个懦弱的人。她有独立的人格，她可以像一个男人那样去创办实业，在那个时代，董竹君就是女权运动的先驱！

离婚之后，告别那种虚无的富贵荣华，她往后要走的路将充满艰险困窘，可她心里怀着玫瑰色的梦，即使失败也不悔。

这一刻，董竹君是一个最快乐的人，她戴上玫瑰色的眼镜，看到不同往常的传奇与欢愉。离婚之后，她不是坠落无依靠的深渊，而是重拾希望，坚定目标，她知道生命的意义在哪里，并会为此而勇闯上海滩。

每天睁开眼睛，她看看孩子，看看周围的人，她就知道自己接下来要做什么。重获人生的自由之后，她看到的是愿景中的未来，亦是她想要拼搏的未来！

这种重获新生的感觉，正如她自己所说的，如同穿着五彩缤纷的外衣，而实是遍体鳞伤的小鸟又悲又喜地再次跳出牢笼。她能按着自己所选择的方向，自由地飞翔，看天是蓝的，看海是阔的，看人世是痛并快乐的！

至此一别，夏之时并未轻易放过她，她想要过上好的生活？这是夏之时所不允许的。他想以此要挟她回川。

不由得想起唐朝人的放妻协议，"凡为夫妇之因，前世三生结缘，始配今生为夫妇。若结缘不合，比是冤家，故来相对；即以二心不同，难归一意，快会诸亲，各还本道。愿妻娘子相离之后，重梳婵鬓，美扫娥眉，巧呈窈窕之姿，选聘高官之主。解怨释怨，更莫相憎。一别两宽，各生欢喜。"

夏之时做不了"各生欢喜"，他憎恨董竹君，若是用爱越深，恨越多来解释，那么董竹君宁愿夏之时对她再无半分情义，互为陌生人也罢。这样，或许他还不会一直想致她于死地。

离婚协议明确指出，夏之时要在生活上给孩子一些补助，可是他回到四川之后，继续打牌抽大烟，一文钱都没有汇到上海。就算没有在生活上给予董竹君一丝一毫的帮助，也不该致电亲朋好友诬蔑董竹君隐匿款项，劝告他们不要救济董竹君。不但如此，夏之时还告发文兴哲和张景卿是共产党员，请当地政府迅速将他们逮捕。

他的最终目的就是设法将董竹君拘禁，迫使她把孩子送回四川。

董竹君不幸的是有此前夫，所幸的是当时社会上的人并没有听信夏之时的话把董竹君拘禁，因为他们知道董竹君为人坦诚，并非夏之时所言那般恶毒。

曾经在成都与董竹君相处过一段时间的戴季陶，把好友夏之时交给他的信转交给董竹君。

夏之时写信给戴季陶无非是想通过好友追回那莫须有的款项，董竹君根本就没有私藏夏家钱财，谈何把钱如数汇回四川呢？

他一直强调是文兴哲和张景卿使董竹君坠入迷途，他才是永久爱董竹君的人，若是董竹君能醒悟过来，带着钱和孩子回四川，他将不再追究。若是董竹君不愿回四川，她可以留下一些钱日用，但其余的钱必须汇回四川，并且孩子也要送回去。最后，夏之时放下狠话，若是董竹君不知悔改，继续隐匿款项，并不肯送回孩子，则以夏之时的名义正式将其驱逐逮捕迫其交出孩子。

对于夏之时的诬蔑，董竹君火气攻心，即使是十几年的夫妻，又怎至于此？这事发展至此，她唯有勇敢面对，当即应戴季陶的邀请前往南京。戴季陶夫妇待她极其热情，情真意切地给她分析带着孩子和双亲闯上海滩是极其危险的事情。既然她不想回四川，往后的路如此长，如何立足。劝诫到此，戴季陶夫妇极力劝董竹君加入国民党，这样还能获得政治资本的支持，要闯上海滩也容易些。

政治对于她来说，是不可轻易触及的事情。即使她有创办实业的勇气，可是政治终究是不一样，于是她委婉地拒绝了戴季陶夫妇的建议。

离开南京之后，她回沪途中去探望了高槐川先生，并把她和夏之时离婚的经过告诉他。当谈及夏之时在离婚之后写信诬蔑她私藏财产的事情时，当真是痛心疾首。怎么能说她卷款潜逃呢？在上海举行文明婚礼之后，她就是夏之时的妻子，加上在合江老家再次举行了名正言顺的婚礼，由此看来，在法律上，董竹君于礼于法都应该分得夏家的财产。如今，夏之时不但不给分文补贴，反而诬告董竹君卷款潜逃，可笑至极！

在董竹君为生活担忧的时候，夏之时想方设法软硬兼施地逼迫董竹君带着孩子回四川。眼看着董竹君无视夏之时的栽赃诬蔑，夏之时唯有再次写信给董竹君，试图让她改变初衷，重回四川。

在第二封信中，夏之时先以情动她，十七年的夫妇关系，如此走到这个地步，他把一切都归咎于文、张两人的诱惑。

"而我爱君之旨，怜恤之心，仍与当年未稍减也，君其如何"，夏之时在信中字字句句袒露对董竹君的爱怜，他欣赏董竹君的勇力与智慧，她的过人之处，作为她的丈夫，夏之时又如何不懂。

董竹君责备夏之时不以儿女教育为重，更是置家庭垂危于不顾。这些都导致董竹君学着孟母，毅然带着孩子去泸读书。其实，夏之时亦并未全然不顾家庭，他曾不惜重金为儿女请家庭教师，董竹君创办实业亦是得以夏之时的支持。然而，种的因结的果，如今挽回已无当初的真心实意！

与董竹君分居三年之后，夏之时写信来质问董竹君，"究不识计划商业成乎？所办工厂成乎？女儿学问成乎？社会革命成乎？名誉较前优乎？娱乐较昔胜乎？生活较家快乎？文、张有以助君乎？文子果大器乎？文、张之为人如何乎？交识朋友尽如君乎？以及我君所怀之目的，有一达乎？"

对于夏之时的质问，董竹君满是沧桑的脸庞，哀伤而坚定。当夏之时试图以往日温情引她再入火坑时，她是清醒的。她感激当年夏之时救她出堂子，并给予她爱情，送她去日本留学；回国之后，夏之时教她处理家政，给她教子、处世接物等机会。

算起来他们至今已是十九年的夫妻，有儿女五人，且曾甘苦与共。在一一细数过去的温情之后，夏之时提出以下几条建议：

其一，念及夫妻感情，重视孩子前途，带着女儿回川生活。

其二，如不回川，可为她在合江置田养老，但他的纪念品必须送回。

其三，若董竹君不愿回川，则国琼可由她主嫁，但不能与文兴哲结婚。其余三女托人送回川，她可随时回川，但不能出轨。

夏之时所要求的事情，董竹君一概不理，情急之下，夏之时竟企图谋害她。"一二八"事变不久，董竹君在上海因政治关系被捕入狱。在入狱期间，夏之时不仅不设法相救，还在她释放后，向四川军长范绍曾告密说董竹君是共产党员，托他设法诱她去杭州游玩，并把她推入西湖淹死。幸好当时范绍曾和杨虎商量，杨虎敬佩董竹君的为人，非常不赞同范绍曾去杀害她，范绍曾才把这件事情搁置不顾。

夏之时作为一个富裕的封建老爷，闲时就想办法不让董竹君好过，可董竹君在上海滩虽然过着拮据窘迫的日子，却丝毫不愿低头。她绝不愿意去求助夏之时的朋友，只想自食其力。

从上海到日本、到四川，最终她还是回到了上海这个充满魔力的地方。而夏之时，从四川到上海、到日本又回到了四川。他们终究是要分开了，爱情若是没有了平等，谈何眷恋。

上海滩的十里洋场，在张爱玲眼中是繁华、是才华展现的魔地，可在董竹君眼里，上海这个地方，不是生就是死，除了咬紧牙关上进之外，别无出路！

她想投身社会活动，专心培育孩子。可是经济上的难关让她寸步难行，夏之时不给孩子读书的费用，她唯有把一些值钱的东西拿去当铺典当。

在店铺面前，她犹豫踌躇，却不得不迈步进去。如今，她除了当一些东西救急之外，当真是无路可走。

而她与夏之时的孽缘，但愿能画上句号。此后最好不相误，如此便可不相负。即使曾经有过美丽的相遇，也但愿此后最好不相见。若是老后，也但愿不相伴，如此便可不相欠。现在最好不相爱，如此便可不相弃。

为了未来，故来与君相决绝，免得日后蹉跎岁月！往后的日子里，是风、是雨，还是风雨兼程，她都会一如既往地往前走！

创业新生活

董竹君常常念着匈牙利诗人裴多菲的一首诗："生命诚可贵，爱情价更高，若为自由故，二者皆可抛！"这首诗对于她来说真的很重要，这其中的"自由"不是一般的自由，而是拥有独立的人格，她的独立是为了个人也是为了孩子的教育发展，从更长远来说，她的独立是为了唤醒更多女人的独立。

身在上海打拼的董竹君想起昔年在川看过的一些文艺书

籍，其中便有易卜生的《玩偶之家》，董竹君感慨命运的相似，她的丈夫和娜拉的丈夫一般，是一个伪善的封建卫道士，于是她像娜拉一样从家庭出走。她有的是毅力，她相信只要肯奋发图强，自力更生，她照样能立足上海滩。

然而，娜拉出走后就没有了下文，那董竹君呢？是不是也会淹没在人流中？

董竹君是一个爱国之人，有民族大义，她希望中国能摆脱帝国主义的控制，若是国家独立，能够繁荣民主富强起来，那么人处于社会中就拥有更多的权利。然而国家的富强，需要千千万万的子民去拥护，那么她愿意站出来，站出来去摆脱封建的束缚，靠自己的能力在社会上生存下来。

在这个大上海，董竹君接受到更多的新思想、新文化，她孜孜不倦，在创业的同时也在思想上与时俱进，甚至超前一步。

回味着过去种种，董竹君陷入了沉思。自记事以来，随着自身生长过程和生活本身的体验，她渐渐懂得什么是饥饿、贫穷、侮辱与不公平！在政治、经济、社会方面，董竹君亲身体会到什么是压迫、损害、堕落、污辱，以至于什么是爱情，什么是罪恶！

董竹君见证了军阀专横，祸国殃民；贪官污吏，疯狂敛财；封建帝制，荼毒百姓；从辛亥革命起到"北伐"这一系列的伟大运动，都给她很大的影响和启示，使她的眼睛一天天地更明亮起来，头脑一天天地更清楚起来。对于"五四"

运动、"五卅"运动，从本能上起了共鸣。身处昏昏浊世，但她对未来的路看得更加清晰明了。

1930 年，在上海的董竹君经国琼的音乐教师张景卿介绍，认识了四川女共产党员郑德音和蒲振声。又通过郑德音认识了她的胞弟郑志，这个人是靠近共产党的进步学生，为人真诚坦率，乃是一个热血青年。

董竹君与郑德音和蒲振声一见如故，在一起相谈甚欢，不久就情同姐妹。她们思想同样进步，有文化，有见地，有着共同的语言，渴望救国。她们由衷地佩服董竹君，能走出夏家，独自在上海打拼，这给了董竹君很大的鼓励。而董竹君有了交流的同路之人，她们讨论高尔基的《母亲》，感受到当时自己母亲受辱时生气的那种心情。

董竹君坦言，初看《大众哲学》《历史唯物论》时，激动得彻夜难眠。深读书中的精妙，她认为这其中可以给穷人找到出路，饮水思源，董竹君出生贫苦之间，不会忘本，她始终心系着底层的人民。

在新思想的碰撞下，终于擦出了火花。董竹君说到了让她们极为开心的事，从书中考究，深入研读举一反三。她明白日本的明治维新以及后来的三民主义，并不能真正解决底层平民的窘境，渐渐地，她开始相信共产主义。这是董竹君重大的转变，从这开始，再没有变过。

董竹君深知一个人单枪匹马很难为革命做一些事情，于是她想加入共产党，一起投身革命的事业。

郑德音和蒲振声欣喜万分，但知道董竹君如今拖家带口，生活艰难，劝她回四川拿一笔钱回来再进行革命事业。

对于朋友的劝告，董竹君拒绝了。她不能再回四川，如今好不容易走了出来，若是再回到那个闭塞的地方，那么孩子的教育如何保障。若是孩子的未来没有前途，她这个做母亲的就是失败，一个人连自己的家庭都照顾不好更谈何去投身革命事业呢？况且若是回去了，不但钱没有拿到，反而会被夏之时凌辱。她是何等的刚强，即使夏之时不肯给予分文生活用费，但她从不去求他，如今要她回四川更是不可能！

董竹君意志十分坚定，即使生活再苦，她也不能带着孩子回四川，到时候孩子又走上她的老路，这是她不能接受的，不能让孩子毁在那个封建大家庭中。苦？苦又如何，即使做苦工也能养活一家，而如今精神上的自由满足，自由的呼吸，又岂是金钱能衡量的？

郑德音和蒲振声二人得知董竹君不肯回四川，无奈之下只好带着她去法租界寻找共产党人李先生。李先生得知了董竹君的近况，便劝她先从经济上找出路。入党后流动性很大，那时父母如何供养，子女如何抚养都是问题，言下之意董竹君不适合入党。董竹君提议，入党后也可以经商，可是这位李先生只是摇头。

董竹君革命意志坚定，思前想后之下决定再次去找李先生。可是再次去找时他已经搬走了，这时，聪慧如她，隐隐感觉到不好的事情要发生。

自从第一次大革命失败后，蒋介石实施反共的阴谋，造成革命转入低潮。多么叫人沉痛！没过多久，蒲、郑她们都离开了上海。后来蒲振声的妹妹告诉董竹君，她姐姐已死在狱中，郑德音也入了狱。她很悲痛！两位难得的知己就这样遭受了磨难。

面对这种情况，董竹君力所能及地帮助蒲振声的妹妹、郑德音的弟弟沙梅，在自身经济不宽裕的情况下，还时常接济他们，以寻求一丝慰藉。

她行走在上海的街道上，总是会看到林立的鸦片烟馆，鸦片这种害人的东西，不仅消耗着国人的身体，还导致国内大量的白银外流。它就像一剂慢性的毒药，等你发现的时候，已然太晚，毒入脏腑。董竹君无奈地叹息，若不是她的丈夫染上鸦片瘾，这个家也不至于发展到今天这个地步！

1930 年春末，董竹君开始筹谋生活的出路，靠着典当东西过活，总不是长久的办法，当时她的二叔建议她去开办纱管厂。

纱管这个生意国内很少，有市场，如果将来厂里面的出品能够赶得上日货，价格便宜且有销路，还可以抵制日货。董竹君思考了一番，觉得这个想法很不错，办纱管在国内确实很有前景，若是办好还可以使民族企业抬起头来。

董竹君是个很有决断的人，这种品性往往可成大事，她风风火火地展开了办厂的计划。首先，董竹君解除后顾之忧，将子女安排好，然后便想办法去筹集资本。

董竹君将以前的一串项链及其他东西当了八百元，在二叔的帮助下，寻到一些小康之家的朋友来投资，还四处托人找来了有经验的工人和职员。董竹君不顾他人异样的目光，以一个女性的身份行走在生意场上。就这样费尽了九牛二虎之力，以四千多元的原始资本，在上海闸北台家桥创办了不满一百名职工的群益纱管厂。董竹君办厂的目的很明确：

其一，解决经济上的尴尬局面，培养子女。

其二，妇女能办实业，经济独立，并不一定非要依靠着男人。

其三，如那位李先生曾经所说，革命需要经济支持，董竹君有浓厚的爱国气节，她想从旁协助，为革命尽一份职责与绵薄之力。

创业之初真的很难，其中酸楚自知，但是董竹君从不吭声，再大的担子她也挑得下，挑不下也会硬撑，骨子里那股不服输不放弃的精神深深地激励着她。

董竹君刚刚办厂，除了工头和几个外戚外，一个人都不认识，包括场内的职工和社会人士。她的路如烟云笼罩看不真切，如何走下去全凭她个人的决策，可能一步走错将面临巨大的危机，所以她平静的外表下埋藏着巨大的压力。创业，若是没有魄力和坚定的心智根本无从进行。

为办好纱管厂，她不得不把三个小女儿送到苏州一家教会学校寄读。董竹君极其重视孩子的教育，她希望教会学校严肃的氛围能够帮助孩子的学习，但她又怕孩子受到帝国主义思想的影响，于是她每到假期都给孩子传输一些爱国思想，并且给她们看一些进步书籍。除此之外，她还要求孩子学会做家务，培养善良无私的品质。

在纱管厂内，几乎全部行政工作，包括进货、推销产品等都由她独自承担。她还要下车间检查、督工及出外接头，里里外外奔忙。酷暑寒冬也照样跑来跑去，在照顾孩子和办厂之间，她要两者兼顾真的太辛苦了。长此以往，董竹君患了严重的关节炎，但是她咬牙坚持，外创实业，内持家务，不可谓不艰辛。

初时，因为资本不足，经常资金周转不灵，工头欺负董竹君是外行，挑拨她和工人的关系，好两头得利。亏得董竹君知晓变通，方才化解这份矛盾。

便是这样一个小小的工厂，人力物力全无的她，时时操心，担心有一天它突然倒闭。在资金难以周转的那段时间，曾得到戴季陶的帮助，他给董竹君留下一千元的资金，并附带一封介绍信，介绍她到无锡纱厂巨子荣德生处直接推销。董竹君拿着信件，在身体发高烧的情况下，搭三等火车到了无锡。

可是结果却让她很失望，作为一个为创业奔波的女性，被那些没有看过妇女跑街做生意的人当作怪物一样看待，而且并没有得到荣德生的信任。为了寻求资本，董竹君邀请某银行投资或者把厂作抵押贷款，但是此时的上海，女子办厂就她一人，本身便让人带上了有色眼镜，在负责人的一番盘问后，董竹君受到一阵白眼且并没有得到支持。

创业是艰难的，这也是一条别人没有走过的路。长风破浪会有时，直挂云帆济沧海。在董竹君的努力下，群益纱管厂渐渐地有了起色。

1930 年，又是一个盛夏，金灿灿的阳光照得海面波光粼粼，浮尘起就，不知这生活是不是也能灿烂起来。

战乱牢狱灾

办厂后，董竹君带着孩子与双亲分开，另租法租界麦色尔蒂罗路三德坊两间亭子间住下。房东庄希泉是讲义气、正直热情的进步人士，还有一些共产党员也同住在此地，氛围很好。董竹君来到这里，因工作被压抑的心情都好了许多。

她日间在工厂工作，晚上回来有闲暇时刻，亦能与他们畅谈时事和革命理论，几位有着进步思想的人士，都对董竹君这位独自创业的女性刮目相看。

1931 年春天，这一年，董竹君的实业有了重大起色，这也得益于刚刚认识不久的几位好朋友的帮助，这个世间总是有着关怀和温暖。

二月柳梢抽枝，晓风和畅。由马尼拉来上海游玩的好几位华侨受到了庄希泉等人的接待，在他们的引荐下，董竹君这位女性实业家受到了他们一致的赞扬。

君子之交淡如水，小人之交甘若醴。董竹君和他们接触，觉得他们开朗、直爽、热诚，封建意识少，爱国心重，事业心强。而这些华侨对董竹君这位拼搏爱国、坚强的女实业家，独自创业，很是敬重。这种敬重不是源自面子上的恭维，而是发自内心的认同。

这些华侨到群益纱管厂参观后，很惊讶，对董竹君的能力很佩服，为此他们鼓励董竹君去南洋招股扩厂，由此便迎来了董竹君创业之初发展最快的时期。

1931 年，董竹君乘荷兰爪哇轮船公司的船去菲律宾马尼拉住了近一个月，招得近一万元的股子来扩大厂房建设。并增加职工数量，同时又解决了一批就业问题，群益纱管厂呈现欣欣向荣的景象。董竹君很忙，但是她很充实，那颗时时悬挂快要操碎的心，稍稍地放了下来。

董竹君在菲律宾结识了很多工商界的华侨名流，在回来时受人所托，帮助周桂林医师在上海霞飞路、维尔蒙路转角开设了华南医院。

在所有结识的人中，陈清泉给董竹君留下了深刻的印象，他们常在一起谈论国事，对于帝国主义划分租界、侮辱妇女的行为都是咬牙切齿。二人也研究共产主义，逐步认识到，只有共产主义才能救中国这一真理。

董竹君很有思想，不仅仅是为了这个时代的女性争取自由，还想为下一代铺路。但这很难，得付出难以想象的努力，路漫漫求修远兮，吾将上下而求索。陈清泉很敬佩董竹君，于是二人结为好友，常有书信来往。

　　这一年的夏天，董竹君搬到了花园坊。这期间，董竹君接触到的都是些有新思想、新文化的有志之士、共产党员、文艺工作者。可以说往来无白丁，这使得董竹君更有活力，更加坚定地走这条路。

　　这世道变化无常，时局波诡云谲，没有人能厘清，在董竹君的创业生涯如火如荼时，国家告急，国难当头。

　　1931 年，正当夏雷轰鸣，在日本关东军安排下，铁道"守备队"炸毁沈阳柳条湖附近日本修筑的南满铁路路轨，并栽赃嫁祸于中国军队，之后炮轰沈阳北大营，掀起了丧心病狂的侵华战争。由于蒋介石当时的不抵抗主义，东北三省快速沦陷。

　　"九一八"事变以后，全国学生、工人抗日情绪高涨，举行大罢工、大游行。董竹君带着大女儿国琼，加入到游行的队伍，而且走在队伍的前沿，她这样一位爱国志士、研究共产主义的进步思想的女性当然压不住心头对日军的痛恨，对实施不抵抗主义的蒋介石深恶痛绝，奋不顾身地投入游行的洪流中。

　　领头者是暨南大学学生、浙江人骆介庵，他在前面演讲说起革命理论，激动得面红耳赤。聚来的人越来越多，董竹君也挤进去，助威呐喊，无所顾忌，爱国情怀如一口心头之血漫上来，迸发出的是灼热的感情和报国的拳拳赤心。

　　她心中的爱国情，或许在十三四岁遇到夏之时那时便明了的。夏之时曾经可是一个豪爽爱国的英雄人物，那些年陪伴君侧，肯定对她造成巨大的影响。只是可惜，后来董竹君想投身革命事业时，夏之时却退缩了，他的思想在倒退，这是让董竹君深感惋惜的，同时她可惜的是自己未能把他引上正途。

反对帝国主义的怒火，一直烧到英法租界，在面对巡捕的刺刀和枪口时，董竹君没有后退，带着国琼一边走一边喊口号。爱国青年的热血被点燃，全部摇旗呐喊，吼声震天。后来，一大批武装巡捕开始攻击民众，董竹君随机应变，带着国琼拖走了受伤严重的骆介庵。

这一年冬天时局动乱，寒风凛冽，东北三省沦陷区更是一片水深火热，深受日军的大肆迫害。董竹君虽然忙于群益纱管厂和华南医院，但时刻都在关注着局势，牵挂着东三省的落难人民，那段时间，心有症结，可谓吃不好，睡不好。

时运不济，命途多舛，接下来的一件事又给了董竹君莫大的危机。

1932 年 1 月下旬夜里，日军突然进攻上海，淞沪战役爆发后，守卫上海的主力军英勇起来抵抗，工人学生组成义军投身其中，全国人民捐款支援，董竹君投出了几乎全部能够拿出的钱财。对董竹君来说，钱没有可以接着赚，大敌当前，国将不国，国人更应众志成城。

淞沪战役持续一个月，中国击退了敌军，可这时十九路军弹尽粮绝，只好往西边打边退。在"一二八"事件期间，董竹君两年来辛辛苦苦创办的群益纱管厂被日军炸毁，她怀着沉重、悲痛、不安的情绪，料理了工厂的善后事宜。

　　一些人告发她是"拆白党"，即所谓"空手套白狼"的骗子，这让董竹君哭笑不得，这是愚昧到了何等程度。幸好工厂各部都拍有照片，还有几位华侨作证，才将这次谣言拆穿，董竹君内心是无比气愤的。但是她明白眼下只能忍气吞声，这件事不仅没有打击到她，反而使她的性子越磨越锐利，就像一把出鞘的宝剑。董竹君仍然寻找着经济出路，同时也更加清楚地认识到，只有共产党才能解救中国。

　　因战争关系导致市面处于停顿和混乱的状态中，董竹君整天忙得焦头烂额。陈清泉在厦门了解到上海的局势后，担心董竹君出事，请她到厦门暂避。董竹君处理好工人的善后问题，考虑了一番，便答应了厦门一行。

　　时局混乱，难以买到船票，董竹君就和陈清泉的弟弟带着干粮做了"黄鱼"（即没有船票的人）偷渡到厦门。这一段水路极为难熬，货舱中狭小的空间，人挤着人，熬过了十几天，董竹君面色苍白地到了陈清泉的家中。

　　一波未平一波又起。1932 年 2 月，董竹君在某女子中学演讲，她慷慨激昂，语调深沉，讲到抗日救国，并呼吁革命，在座之人无不动容，场上山呼海啸，气氛热烈。但是董竹君冥冥中感到有不祥的预兆，她提前离场。在陈清泉的家中时，又被告知有危险，随后董竹君果断地离开，仅仅在厦门待了三天便又返回上海。

　　后来从陈清泉的信中，董竹君得知，她前脚刚走，后面就有人过来搜查，她幸运地逃过了这一劫。董竹君非常感谢陈清泉的支持，当初她愿意去他老家厦门避难，留下双亲和孩子在上海，并不是为了躲避个人的身祸。而是想，若是去厦门或许还能筹募到资金再次创办实业，事业得到发展家庭才有保障。

她未料到了厦门，为了宣传抗日爱国却被追捕，更未料回到上海后还是难逃被捕入狱。1932 年 3 月的一天，因被怀疑是共产党，董竹君和骆介庵等被关进法租界巡捕房。当董竹君被带走的时候，她也害怕过，她担心入狱之后孩子怎么办。可是当初坚持走革命道路她就想到过有这么一天，虽然有了心理准备，可真到了这一天她还是害怕。想到革命，想到国家，她是那么正气凛然，挺直腰杆。祖国受难，她作为中国人，又怎么能避开身祸呢？

董竹君入狱之后，她穷苦的家人哪里有钱赎她出来。而且她的罪名是"通共"，这牢狱灾一坐就是四个月，若是她还是督军夫人，别人或许还会卖她几分面子。如今夏之时看着她入狱，不但不帮她，反而落井下石。

夏之时以为只要把孩子带回四川，那么她必定会跟着回去。或许他早就料到董竹君会出事，毕竟她身边都是一些"危险"分子。他能够料想到一切，独独没有想到董竹君的意志竟是这般坚定，她不但离开了那个封建大家庭，而且想依靠自己的能力闯出一片天地。

凡此种种，都是夏之时袖手旁观的原因，看着她前途未卜，那么她或许还会想到回头。只是她决定奔向新生活，不可能再回头了。

山穷水尽时

董竹君历经四个月牢狱灾之后，紧接着去杭州避祸一年，在此期间她创办的群益厂被"一二八"炮火炸毁，生活的拮据，加之身心的创伤使得董竹君决定细细规划未来。

群益厂历经战乱之后，元气大伤地瘫痪在那里，且不说继续赚钱了，怎么运行下去都成了问题。原来的股东怀疑董竹君的能力，纷纷不愿增加资金运行公司。董竹君无奈之下，唯有另寻愿入资的股东。即使是孤身一人闯商界，她也不能失败！

黄浦江边的上海滩风诡云谲，长街十里灯光闪烁，古街古巷古屋，到处都充满着江南繁华的小镇气息，还有那五洋井处，中西结合交相辉映。然而，上海滩这个地方，有它独特的印记，泥沙俱下，龙蛇混杂，社会矛盾纵横交错，斗争激烈。在正义与邪恶之中上演着人间的悲喜剧。内忧外患之时，商会充斥和爱国主义盛行见证了上海滩的传奇！

董竹君生于上海滩，亦拼搏于上海滩，只是她是孤军一人！就在她走投无路时，群益厂的承包纱管原料本商给她介绍了一个股东。介绍的股东是浙江绍兴人张云卿，前清官府出身，年七十，欲谋身后事，遂有意愿投资董竹君创办的群益厂。

这消息对于董竹君来说，无疑是久旱逢甘霖，当即就去找张云卿协商投资的事情。怎知这个张云卿并非善类，竟一步步诱董竹君入圈套。经张云卿的介绍，一个东北公子哥带着钱来参股。然而在他们真正入股之前，却让董竹君参与赌局。

董竹君原本计划，先想利用增加的资金来恢复群益厂的元气，再扩充厂地。为了这个计划，无奈之下董竹君顺着他们入赌局。经过一个多月的相处，董竹君以为他们之间建立了合作的"友谊"，却不想，骗局才刚刚开始。

纵使董竹君再怎么小心，迫于规划，还是入了圈套。那个东北的公子哥因整日挥霍，应承入股群益厂的一万元股子已经花完了。但是那个东北公子哥可不止有一万元，他还有十几万元，在他还没有花光钱之前，账房先生献计用四门摊赌钱的办法来"抬轿子"，把东北公子哥的钱套出来。

他们要董竹君参与其中，可是她内心非常矛盾，毕竟这是玩弄人的事情。可若是没有股东，没有资金，群益厂就没有出路。无计之下，她唯有向朋友请教她到底该怎么做。朋友认为像东北公子哥这般肆意挥霍的人，钱肯定不是从正路得到，若是能把他们的钱用到办实业上，才是真正的有意义。听了他们劝告，董竹君决定参与这场赌局。

他们教董竹君如何做庄家，围棋子以单双数定输赢，开局之后，第一场他们就输了二千六百多元，董竹君为庄家输了钱，她哪里有钱呢？张云卿从中解围，今日先不结账，等明日张云卿做庄家时定了输赢再算。

　　就这样，他们一步步让董竹君走入圈套，赌局结束之后，董竹君需付三百元。为给群益厂招商引资，董竹君不但没有获得股东的资助，反而要赔三百元。待董竹君冷静下来，才发现这其中的不对劲，又回想起上海滩的光怪陆离，什么"拆白党""翻戏党""仙人跳""放白鸽"等无奇不有，若是自己当真入了圈套，那真是冤了。

　　为了验证自己是否入了圈套，董竹君故意拖延付款日期，并暗中观察他们的行动。经过观察之后，董竹君羞愤地发现，她当真是上了他们的当。她本想着辛辛苦苦也要把群益厂办下去，却没想到他们会趁火打劫。

　　随后，董竹君顾及张云卿的颜面在不激怒他们的情况下，轻言委婉地点破他们的阴谋诡计。张云卿一伙还算有良知，把真相告诉了董竹君，他们本就不是想入股群益厂，而是一开始就捏造假身份去骗取董竹君的钱财。

　　他们认为，纵使董竹君如今面临创业的失败，但她毕竟是四川都督夏之时的前妻，在夏家肯定结识了一些权贵，想到拿出几百元还是轻而易举的。却没有想到，董竹君在经济拮据的时候，还是不肯动用曾经的社会关系，确实是硬骨头。

　　既然事情已经败露，他们求董竹君不要声张，他们也是苦命人，靠着这些旁门左道赚钱也是迫不得已。最后承诺董竹君日后若有什么困难，他们愿意鼎力相助。

　　董竹君虽恨他们，却也同情。他们的恶，归根结底亦是社会的压迫。历经这场骗局之后，她进一步认识到上海滩的复杂，这里有繁华的十里洋场，亦有作恶多端的亡命之徒。此后，无论是创业还是进行其他社会活动，董竹君总是大胆中带着小心，对事物的认识能力更进一步。

　　脱离骗局之后，董竹君再也想不到其他办法去引资金入群益厂。她不能公开寻找投资人，因为她的政治身份特殊，又逢出狱不久，一切都得小心行事。最终群益厂因资金不足以运行而关闭。创业失败后，经张云卿介绍，董竹君去了无锡砖瓦厂担任经理。

　　虽然感激张云卿的推荐，但董竹君在做了几个月的经理之后，还是因砖瓦厂资金不够雄厚，没什么前途辞职回泸。

　　失业之后，没有经济收入，她为了节省日常开支搬到甘村租便宜的房子。走投无路之际，之前的权贵她不想去求助，而娘家亲戚都是贫穷人家也资助不上，若是向革命朋友借更是不可能。

　　"人穷志不穷"，房租交不上要忍受房东和邻居的奚落，她从脸红到麻木。她的母亲常常会来甘村看望她们，每次都重复着她们都是命苦之人，日盼夜盼终于盼得董竹君嫁得富贵人家，想也知富贵人家的日子不好过，真让人羞愧难当。如今逃出苦海，面对生活问题，身心亦是煎熬。

　　面对母亲的哀怨发泄，董竹君除了难过之外，从来不接话，人都已经那么苦了，说得再多亦是无用，唯有脚踏实地地去想办法改变。董竹君没有想到，亦是不想面对的是，还未等到她们生活有所改变，她的母亲却魂归西天。

她后悔那个办事回来的路上遇见母亲独自一人在自言自语却没有叫她。噩耗传来的那天晚上，她悲恸异常。她可怜的母亲，可怜的一家人，聚少离多未及享福就已离去。

这世上有多少事情时过境迁之后，回想一千次一万遍依旧悔恨万分的？不外乎那树欲静而风不止，子欲养而亲不待！

在张云卿的提议之下，董竹君奔波四处借钱为其母办丧事。

1933 年夏，债务累累的董竹君，无奈之下送女儿国瑛去北平托张云卿抚养。此时孩子读书的学费已无着落，幸好张云卿帮助三个孩子交了一个学期的学费，并且借给董竹君一张二百亩绍兴沙田的地契，董竹君用地契在好友女医生郑素因那里抵押了三百元。

全靠了这三百元，董竹君把债务还清了。可后果是她到了抵押期限却还不上这三百元，女医师怒极之下不念好友情分，请人去逼迫董竹君还钱。

迫于债务，董竹君看透了世态炎凉，可是这只是她人生中一件难忘的事情罢了。她并不怪好友郑素因，毕竟在她最艰难的时候，她肯借钱救助，若不是她的钱，自己不会渡过难关。

董竹君是那种滴水之恩定当涌泉相报的人，后来她创立锦江饭店，连本带利把欠郑素因的债还清。往后董竹君还免费资助五百元让她去日本留学，在她留学期间按月送二十元给她母亲作生活费。

在上海滩闯天下能遇上几个好朋友当珍惜，董竹君帮助郑素因，一方面因为她曾在落难的时候慷慨救济董竹君一家，如今报恩对谁都是一件愉快而有意义的事情。

董竹君在上海创业前期，除了与郑素因交好之外，还有一个不得不提的人，那就是曾经欲骗取董竹君钱财的张云卿。骗局揭开之后，他们反倒成了朋友，或是深知彼此的难处，在双方落难时大方出手相助。

后来张云卿去世后，董竹君经常在生活上帮助他的妻子和儿子。董竹君虽然能够在有能力之后帮助那些曾经帮助过她的人，然而在她落难的时候，即是一身重担在肩膀上，她扛不起也得扛。荣华富贵，也是历经沧桑的见证。

那些年，她除了面临着失业、丧母、欠债的境况之外，父亲也病了。父亲患病，董竹君没有钱给父亲治病，靠夏之时更是不可能。他来信威胁董竹君，若是她肯带着孩子回四川，他就肯出钱为她的父亲医治。可她又怎么能回去，既然走了出来，就不该回头。

家里没有钱，她就拿东西去当，换几元钱给父亲看病。她可怜的父亲，是她的英雄，即便他靠出卖劳力也未能给予一家人好的生活。如今他奢求再多活几年都是奢侈。生死有命，世道艰辛，董竹君在那个时候根本没有能力满足父亲的愿望。

　　当年她赤手空拳独闯上海滩，看着那千门万户的灯火明明灭灭，可她却看不见光明。摩肩接踵的行人来来往往，却容不下女子的一席之地。自从她与夏之时离婚，说得好听她是"出走的娜拉"，可总有一些人等着看她去跳黄浦江。

　　即使当尽、卖光手中财物也难以解决一家温饱，现在父病母亡悲伤难耐，加上孩子的教育也成了问题，难道她当真是走投无路了吗？

绝处逢生路

　　董竹君与夏之时离婚之后，带着老少来到上海滩艰苦创业，好不容易靠着她的勇气与智慧创办了群益厂，本以为实业会有所成。不料飞来横祸，陷入牢狱之灾，好不容易出来欲为社会做一些事情，却被监视逮捕。厄运接踵而来，失业、欠债这些都还可以解决，可是她的母亲再也回不来了，如今连她的父亲也病重，孩子的教育费供不起，真是祸不单行！

　　董竹君先前是夏之时的太太、都督夫人，但如今就像行走的娜拉，为了独立人格，为了创造人生的价值，她毅然地离开夏家。独自走到今日，社会舆论纷纷，她创办群益厂后期，被股东疑猜为女的"拆白党"，责骂她不专心创办实业，反而投身政治活动。

　　在她走投无路的时候，人们都不愿去接近她。家庭日常需要钱，孩子教育需要钱，可是她独独缺钱！当时国内形势混乱、正值内忧外患之际，她想为革命出力却有心无力，理想与现实的差距让她陷入极端的苦闷之中。

现实让人绝望，没有出路，她想到了死！可若是她死了，孩子将被迫送回四川，前途问题她不得不负责；若是她死了，可怜的父亲怎么办，难道等着他卧病在床咽下最后一口气吗？若是她死了，社会的舆论会把她归入卑贱之流，她的前夫夏之时亦会痛快得意。

她不能死，她若是死了，只会让仇者快，亲者痛！她又怎么能死呢？革命同志时时告诫她，人生在世不称意也要意志坚定，只要还有一丝希望也要抓紧不放。既然她有死的勇气，何不把这勇气用在生计上呢？

董竹君靠着革命的人生观和乐观思想的支撑，放弃了自杀的念头，重新规划生活。她为了节省开支，从甘村迁到了上海美华里，这个地方虽然偏僻，但这里却住着许多文化人。

她在美华里租房子出租，做二房东赚取租金补贴家用。她的房客都是一些老党员和新四军干部，那些邻居与她交好的有作家白薇和廖沫沙夫妇。她们生活虽然也艰难，但与董竹君志向相投，且都很喜欢董竹君的孩子，在生活和学习上经常帮助孩子，这使得董竹君十分感激。

在美华里做房东，董竹君一家的生活依旧拮据，无论是孩子的教育，还是日常的支出都是一个大问题。

避难期间，巡捕房一直没有放弃搜捕董竹君。她不能出去工作，平日里除了去探望父亲的病，就是在家做家务。正逢中国共产党地下组织电影制片厂需要义务的音乐人员，董竹君吩咐国琼参与音乐制作，国琼不避身祸勇敢去参与。可该公司仅仅拍了几部片就被查封了。

董竹君虽吩咐国琼参与共产党组织的工作，可当时国琼还年轻，在她去工作的时候，董竹君总是提心吊胆。又一想，国家那么多革命者可以为国牺牲，为什么她的女儿就不可以呢？想到这些，董竹君狠心地允许国琼在上海与同学们参加地下工作，如游行示威、秘密运送传单和进步书籍等。

没有生活收入，单单靠着一点点的房租，董竹君一家的生活极其穷困。几个孩子几乎要辍学，幸得当时上海惠平中学女校长张平江的义助，免了孩子一个学期的学费。孩子的教育是最大的问题，即使是平日里她用白糖和盐下饭也要让孩子吃饱了去上课。把家里面能卖的、能典当的东西都拿去了，连衣服鞋子也不例外，她那么辛苦为了什么，无非是想撑过这段艰苦的时光，等候光明！

家里没钱开饭，朋友建议她去向军政要人杨虎借，可决心跟过去断绝关系的董竹君，宁愿典当衣物也不肯去借。直到后来国琼去上海两江女子中学和江湾女子中学教琴补贴家用，她们的生活才有所好转。

即使日子过得穷苦，董竹君还是把家庭整理得有条有理，一如孩子的衣服总是烫得笔直，她教导孩子学会各种家务，不能自暴自弃。特别是董竹君爱好清洁卫生这一好习惯，成为周围人的模范，她们都喜欢像董竹君这般勤恳的人。

董竹君：一首激扬的命运交响曲

在美华里生活的那一年，董竹君一家虽然生活困窘，可在她心里，总有一种守得云开见月明的期盼，正如冬天来了，春天还会远吗？即使身在生活的黑暗之中，光明终究是破霭而来！

1934 年年底，董竹君的父亲病情越发严重，她眼看着老父亲吊着半条命却一点办法都没有。而她父亲即将去世之前，还担心着董竹君的前途，此时有一个姓李的热心人士想帮助董竹君开办饭馆，在还不知是否能成的情况下，董竹君为了安慰其父，竟说此事已经成了。

董竹君不忍看其父不安地咽下最后一口气，当晚就拜托房主关照她即将去世的父亲。那晚，董竹君独自一人走回家，她想了很多，这些年来的事情历历在目，有哪些事情始终围绕着她呢？不外乎是贫困，贫困真的很可怕。

贫困使男人潦倒，黑暗使妇女堕落，饥饿使儿童羸弱。在这世上，多少无奈的事情是因为贫困而造成的，没有钱，真的万万不能！

回家之后，天真无邪的孩子涌上来询问外公的病情，董竹君眉目酸楚，彻夜未眠。翌日天微亮，董父与世长辞。遍尝人世间的辛酸，人间辛苦走了一遭，生不带来，死亦不带去！

董父去世时，因贫穷未能举行葬礼。董竹君没有在丧父的悲痛中沉沦，为了家庭以及理想的发展，她必须振作起来，既然选择了，就当一如既往地坚持下去。

就在她感叹世上男子千千万，为何一个女子想自立谋求生路是这般难时，她的勇敢坚强终于给了她好运气。

在董竹君父亲去世前的几天，董竹君家里来了一个神秘的客人，他就是四川人李嵩高先生。这位义士曾留学法国，之后投笔从戎，在四川领导军队。董竹君并不认识这位先生，然而他可是慕名而来。

夏家出走的"娜拉"，在当时四川引起极大的震动。他佩服董竹君独立的人格，此行前来特地助董竹君创业，他不能看着中国的"娜拉"走投无路！

素未谋面的李嵩高愿借两千元给董竹君做生意，为何他会如此大方？难道当真是敬佩董竹君的人格，虽说四海之内皆兄弟，对于董竹君这样历经沧桑的人来说，这事确实可疑。

董竹君拿不定主意。毕竟她真的是走投无路了，若再这样穷苦下去，不说自己一事无成，连孩子的发展都会被耽误。况且李嵩高曾说，她是女中大丈夫，要做大事，就得直爽起来，不要走那些小路，走大道才是赚钱的法子。

钱本该由人来支配，而不是困于钱受生活支配。唯有这样，钱才有意义。况且董竹君不但有商业才能且有创业经验，这笔钱若是在董竹君手中定能发挥它的意义。她做的是实业，小益惠及董竹君一家的发展，无论是孩子的教育，还是一家的美好生活；大益则可惠及社会，为一些女性提供赚钱的机会，帮助困苦人们脱贫，这些都是董竹君创业的初衷。若是再上一个层次来说，董竹君做的每一件事情都在为社会的发展做贡献！

在李嵩高再三诚恳劝说之下，董竹君愿意接受他的义助。后来盛名上海滩的锦江饭馆就是以这两千元作为最原始的资本创建的，这两千元不但解决了董竹君的生计问题，还给她的理想铺上了垫脚石。

李嵩高可谓是董竹君人生中的恩人，他不但资助董竹君创办实业，还帮她节省教育开支，把国瑛从北平接到日本抚养并送她去念书。

然而这位好心人却是一个可怜且悲壮的人，锦江饭馆营业半年左右，李嵩高买枪支的钱被他人恶意吞没，如今是有家不能回，被困留在日本。此时，董竹君不但把欠他的两千元还给他，还接济他一年有余。

李嵩高送国瑛回上海之后，紧接着回四川。后来在董竹君流亡菲律宾时，却不料他也是命途多舛，因政治原因被蒋介石枪毙了。

饮水思源，志士之恩永生难忘！后来，董竹君时常和她的孩子谈起这位先生，即使不能为他做些什么，她也要她的孩子记得，曾有那么一位萍水相逢的人对她们慷慨相助。她们该把这份善心永世传承下去，或许，他在天有灵也会欣慰！

第五章

娜拉行踪素可钦

风雨创业路

　　董竹君处理好其父后事之后，拿着李嵩高义助的两千元，几番思量之下，这次创业她不能再失败，无论社会环境如何，凭着她的才智与经验，必须要闯出一片天地。之前在成都所开办的织袜厂和黄包车公司因时势的变化迫于无奈而关闭，之后来到上海创办了群益厂，因天灾人祸亦是关门停业。只是这一次，纵使时局多么艰难，别人能闯出新世界，她为何就不可？

　　抓住这个难得的机会，董竹君决定在上海滩开办四川菜馆。确定目标之后，她并不急于开业，而是先进行餐饮业的市场调研，无论是菜馆位置还是菜式布局，她都进行了精心研究。

民国年间，上海滩的餐饮业早已经闻名整个中国，得到了上海各界人士以及外侨等的支持。然而，当时以广东餐馆声誉最盛，广式餐饮以其精致独特的口感征服了人们的味蕾，除了广东菜闻名之外，就数福建菜，当然四川菜也占有一席之地。

然而，无论是广东菜，还是其他菜式，当时在经营管理方面还是比较保守，餐馆格调比较庸俗，且室内嘈杂，卫生条件较差。除了装潢缺乏美感之外，菜肴的烹饪也是墨守成规。

广东餐馆虽豪华却褪不去俗气，而川菜则味道过于浓厚，麻辣稠重，盈利不多。董竹君想开办川菜的决心很大且有信心做好，毕竟川菜不但历史悠久且菜式多样。

董竹君之所以要选择开办四川菜馆，自然有她的道理。从日本回国之后，她在四川生活过一段时间，对四川的风俗人情或多或少都有所了解。四川为天府之国，物产丰富，民间百姓重视饮食。无论是正餐还是大街小巷的小吃零食都有它独特的风味，川菜有酸、辣、麻、香、甜、苦、咸七味之分，特色的烹饪技巧是历代劳动人民的智慧结晶。

可根据董竹君作的市场调研发现，川菜虽然菜式品种繁多，且风格和风味亦不同，有其独特之处。然而，川菜在上海滩没有红起来，或许并非人人都是"辣不怕"，川菜厚重的辣味终究是难以适应江浙沪百姓清淡的胃口。

　　董竹君想利用那两千元开办四川菜馆，改善川菜的色香味和餐馆的装潢格调，若是成功了，定能让川菜立足于上海餐饮市场，甚至向国外发展。她相信，川菜馆的成功，不单单能解决孩子的教育问题，还能资助革命事业，她办的菜馆不单单是为了私利，还情牵国家利益。

　　理想和现实的差距不止一次打击着董竹君，可她从未就此放弃。无论是婚姻的失败，还是生离死别的摧残，她都坚定地咬紧牙关往前走。

　　董竹君将所办的四川菜馆命名为锦江饭馆，而"锦江"二字出自于唐代女校书薛涛之诗，"望江楼上望江流，人自望江江自流。人影不随江水去，江声不断古今愁。"此诗中的"江"即为锦江，当时的成都又称为锦城。董竹君的菜馆以"锦江"命名，皆因"锦江"二字既诗意又出名，用作菜馆名字定能招揽顾客，若是说到私人原因，或许是因为董竹君觉得薛涛和自己有种"同是天涯沦落人"的感觉。

　　锦江，锦江，她期望的不过是想发扬川菜特色，期望川菜的烹饪技术如四川锦缎那般著名，并随着长江水远播海外。

　　在锦江饭馆还未开办之前，有些朋友不止一次地带着嘲笑的意味劝说她，说董竹君就是计划太远，店都还没有开就有那么多想法。又告诫她，做这些旅游、餐饮、戏院等服务行业，若是没有靠山是难以办成的，入行之后，免不得要认流氓老大为兄弟，免不得要做许许多多身不由己的事情，这还是一个未知数。

董竹君：一首激扬的命运交响曲

就从装潢布置饭馆来说，当董竹君拿着锦江饭馆特色的碗碟等瓷器样品给好友们看时，他们竟然对她冷嘲热讽。说这些东西，瓷白、质量也不错，款式大方雅致，有点不像餐具。若是没刻有"锦江"二字，三个月后倒闭了拿回家去用倒是不错。又说若以竹叶为"店徽"倒很不错，因为它与她名字中的"竹君"二字正好相映成趣。董竹君虽历经患难，可她纵使有千万般的不好，她始终无愧于他人。

做好菜馆规划之后，董竹君开始精选菜馆的位置。她开办餐馆的资金仅有李嵩高义助的两千元，必须精打细算。闹中取静是董竹君选择位置的策略，董竹君想在市中心并且在交通便捷之地寻找房租便宜的地方租作餐馆。

终于，董竹君在上海法租界大世界附近的华格臬路（今宁海西路）确定位置，这里面积宽阔，适合停留汽车，可以吸引社会上有地位的顾客。可是她的朋友却劝阻她，这里人烟稀少，哪里适合做餐饮呢？那家名为"西蜀"的川菜馆就是一个例子，生意惨淡迟早都会关闭。

然而董竹君力排众议，就在"西蜀"川菜馆隔壁租下房子作菜馆。不是她没有听取好友的意见，而是她有她的经商之道，以她的经验以及调查，她相信这是可行的。

确定饭馆位置之后，董竹君开始筹备各个方面的工作。从房屋的装饰布置着手，物色物美价廉的装饰品和招聘四川厨师。在这些准备工作中，李嵩高还给她介绍了两位四川人担任采购，其余的掌勺师以及招待员由厨师帮忙招聘。

锦江饭馆刚开始的时候，由于资金不是很充足，暂时以家庭形式的布局开设。当真有种麻雀虽小、五脏俱全的感觉。虽然刚开始起步是比较难的，但坚持下来的话又怎么知道此事不能成功呢？

1935年3月15日，锦江饭馆开业那一天，饭馆内竟然座无虚席，为了满足顾客的要求，唯有在店内过道添加座位。最为可喜的是，当时上海滩的大头目杜月笙、黄金荣，以及一些军政要人也来排队吃饭。锦江日日饭菜飘香，车水马龙，轰动了整个上海市。

或许就连董竹君也没有预料到，锦江饭店的兴盛，竟然让华格臬路一带地产涨价。房地商趁着这个机会把这一带的店铺租给其他人开办餐馆，这些餐馆中就数川菜馆子最多，分明就是追风。

当华格臬路由人烟稀少之地成为菜馆之街时，带动了这一带的服务业，无论是夜间还是白昼都热闹非凡。可当这一切兴盛起来，董竹君的朋友开始为锦江饭店的前途担忧了。

然而在众人担忧的时候，董竹君认为这一带的餐馆多起来并非坏事，这样就可以带动就业率的增加。当然，并不是她不担心锦江饭店的前途，而是她知道各家店铺有其独特的经营之道，同是做川菜，款式菜品也不尽同。况且董竹君注意的不是这一带饭馆的增加，而是市场情况，以及政治、经济方面的消息，这些与经商息息相关！

政治和经济息息相关，若是经商不紧随着政治策略的发展，那怎能更好地发展？除了这些，董竹君还根据社会风气、习俗、气候、节日等进行灵活经营。

正如董竹君预计那般，锦江的生意不但没有衰落，反而日益兴隆。由于当初所租的房子不够宽阔，如今生意越发好起来，结果却是位子不够。每日，想要吃上锦江的饭菜，必须要排长长的队。金钱就如同流水一般不进账，确实可惜。但是董竹君认为扩张这事急不来，毕竟现在资金比较少，况且现在房租越来越高了，想租上房子是一个很大的问题。

正当锦江在扩建的关头上卡住时，锦江饭店遇上了贵人。这位贵人就是闻名上海滩的杜月笙，即使杜月笙再怎么有权势，他来锦江吃饭也要排队。由于排队时间太长，这位爷可是发火了，或许他帮助锦江扩建是为了方便自己吃饭，可这对于锦江的发展来说是一个非常重要的转折点。

董竹君得知杜月笙愿意帮助她扩建锦江，一方面是欢喜，可另一方面还是担忧。在上海滩这个风云诡谲的环境里，事无大小，哪里能逃出杜月笙这些"帮会"的势力呢？况且她孤身一人独闯上海滩，即使有足够的胆量，也需要圆滑的社交手段才能处理好这些错综复杂的社会关系。

杜月笙是近代上海青帮中最著名的人物之一，他一生叱咤风云，闯得猛、玩得火、斗得凶。董竹君虽识他不久，却知道他是一个足智多谋、坚韧不屈、蛮横霸道而不露声色的人，更重要的是他不但出入黑白两道，游走于商界、军界与政界，而且将手伸向金融、工业、新闻报业、教育等众多领域。想到这里，她不得不细细思量着到底要不要接受他的帮助，毕竟像杜月笙这样的人还是少接触为妙，然而，社会就是这样，想要成事，又怎能避开身祸呢？

况且杜月笙是真心实意想帮助锦江，于是董竹君毅然地接受了杜月笙的帮助，以更好地促进锦江的发展。因此，锦江饭店在杜月笙的帮助下成功扩建，生意日益兴隆。

柳暗与花明

锦江饭店创建之后，董竹君除了日夜操劳内外事务之外，还要承受身心的压力。创业所必需的心理素质她有，可是事事所成远没有那么简单。纵使有千万种艰难险阻，她也会尽力想办法去一一克服。

锦江饭店从开业到第二次世界大战期间，曾历经磨难，所幸的是这些波折并没有让董竹君再次创业失败，而是让锦江越发兴旺。

锦江开业初期，营业执照办理不到的问题一直困扰着董竹君一行人。无奈之下，董竹君唯有去求助律师刘良。刘良敬佩董竹君身为一介女流却有如此独立坚强的信念，遂竭力帮助她取得锦江的营业执照。

刘良设法托在法公审局当翻译的唐相英去法公查局卫生处等地方才为董竹君取得执照，在当时的社会上，想要办成一些难事，往往要依靠关系。一如刘良卖董竹君面子，执照机关又卖刘良的面子，错综复杂的社会关系令人啼笑皆非。

营业执照虽然拿到手里，可是饭店内的矛盾也是一堆，真是令人焦头烂额！锦江饭馆营业之初，董竹君若不是亲眼看见领班厨师带头贪污浪费，她都不会相信，她辛辛苦苦经营的锦江竟然在短短的时间内就生了蠹虫。

对于这些不守店规且屡教不改的员工，董竹君很是苦恼。一则若是把他们都辞掉，那么他们将失去养家糊口的饭碗；二则若是让这些危害锦江的蠹虫继续下去，锦江将倒闭。

董竹君是个怎么样的人呢？她的勇力与才智，除了先天生成之外，还有很大一部分受环境影响而成。她入过堂子，进过学堂，亦坐过牢房，还有多少事情能把她打败呢？她的心早已经过千锤百炼。为了锦江，她不能因小失大。辞了他们，他们还能再找其他的工作。若是锦江倒闭了，那么不单单是她一家人没了生计，还有更多的员工失去饭碗，为此，她坚决把贪污浪费的员工开除！

在工友刘青云的帮助之下，董竹君决定先暗中招聘一批工作认真坚守店规的厨师。四天之后，她把那批贪污浪费的厨师全部辞退。对于董竹君的做法，当时很多不知情的人等着看她的笑话，笑她毕竟是一个女人，做事恣意任性而为。

到第二天营业时间，并未如同大伙料想那般歇业紧急招聘厨师。那日清晨，董竹君迅速安排新的一批厨师去工作，做出来的菜反而更好。由此，他们不得不相信董竹君的办事能力，她不单单是一个女子，还是商业奇人。

董竹君能够及时地稳定锦江内部局面，还得感谢工友刘青云的鼎力相助。董竹君一直是一个知恩图报的人，当然这里的知恩图报并不能扯上夏之时对她的恩，她离开夏家亦并非忘恩负义。纵使夏之时对她有再造之恩，可她作为他妻子的那些年，所付出的足以还清！直到刘青云去世后，董竹君还照顾他的儿子刘忠海，帮他解决居住和工作等问题。

服务行业总免不了一些是非，对此董竹君一开始还是采取柔软的态度，后来，她摸清了一些规律：对于一些恶霸，他们总是欺软怕硬，对于他们往往需要采取强硬的态度，不能一味地退让！

锦江饭店开办之初，顾客在店内惹事的情况时有发生。一如，那个时候有几个顾客在饭后要叫堂差和拉胡琴。对此，按照店内规矩是绝对不允许的。回想当初，董竹君年少在堂子里面，时常要出堂差卖唱，正所谓往事不堪回首。况且，董竹君所办的锦江饭店，格调高雅，绝不允许制造嘈杂之音，这也是锦江的特色之一。

有时候工作人员以温和的态度和他们解释锦江的店规不许叫堂差和拉胡琴，然而顾客不肯接受并闹事。董竹君看见这些情况，她知道若是不解决这些问题，锦江的发展将受到限制。既然温和行不通，那么她唯有以强硬的态度去拒绝。刚开始，顾客看见董竹君的态度强硬起来，竟起哄要去找杜月笙。

杜月笙钟爱美食，又岂会因为这些小事而为难锦江？可想而知，这事已经被他按压下去了，此后极少有顾客敢违反店规。

可是，还是有一些蛮横的顾客敢违反店规，比如杨虎的保镖和帮会头子黄金荣的徒弟在锦江吃饭时，就想为所欲为。董竹君暗想，想在上海滩这个地方立足发展，单单靠一股脑的拼搏是不成的。若是一味地退让，他们将得寸进尺，对于这些欺善怕恶的人，董竹君坚决不让步。

杨虎在四川成都的时候已经认识董竹君，他敬佩她的为人，虽然他是夏之时的好友，他儿子安国曾拜夏之时为干爸，因此与董竹君也是远房亲家的关系。当他得知自己的保镖在锦江闹事，当场将其责罚并给董竹君道歉。

在外界看来，锦江能够顺顺利利地发展，大多赖于杜月笙和杨虎的庇护。然而，他们也应当看到董竹君的经商处事之道。面对一些故意捣乱的恶霸，她往往以礼相待，并且好生招待他们，并不是董竹君多么圆滑，而是她懂得利用心理战对待一切人与事，这也是董竹君创业能够成功的一大原因。

可是与董竹君奋斗在锦江一线的人都知道，锦江能在上海滩享有如此声誉，绝大部分是靠锦江自身的努力。而锦江的领头人董竹君靠着自身的经历和才智促进锦江的发展，她的勇力与才智不是一日练成，昔日她学习了历史唯物论和辩证唯物论，这对她分析事物和解决问题极其有帮助。

董竹君经商能够如此成功，与她了解上海各个阶层人士的心理、情势等有关，正所谓知己知彼、百战不殆。可纵使董竹君如何能干，在当时半殖民地半封建社会制度之下，若她生为男人或许能创造更多有利的条件去办事。

锦江的发展轰动了整个上海滩，在光鲜的门面之内，董竹君和队友们一直苦心经营。表面上，锦江有杜月笙和杨虎等人的关照，可实际上董竹君从来不愿刻意去依靠那些有权势的人，更不用说仰人鼻息过活了。

在二三十年代的上海滩，一个以男人为中心的社会中，董竹君能够突破封建束缚，靠自己的勇力创办实业实属不易。决定扩充锦江之后，董竹君孤注一掷地打出限期的空头支票，待日后增加收入再进行兑现。

董竹君创业之初，根本就得不到银行贷款的支持，如今为了扩张而开空头支票，若是扩张之后生意亏本，锦江将失信关门。锦江扩充之后，增加了"锦江茶室"，生意日益兴旺，事实证明董竹君的大胆预测是正确的，此后更得到了银行的信用支持。

在扩充问题上，虽然解决了资金的问题，但董竹君为了锦江的后续发展，决定在锦江房屋的连接之间搭建天桥。可若是搭建天桥就算是违规建筑，首先过不了法工部局的章程。

为了锦江的发展，董竹君决定先把天桥搭建，再去寻求杜月笙的帮助，虽然杜月笙当初支持她扩充锦江，可没有说要帮她通过搭建天桥的事情。董竹君利用他爱面子这一心理，巧妙地来一个先斩后奏。

杜月笙何许人也？他们一行人在上海滩闯天下，"信义"

二字也是一大生存法则。董竹君此行果然得到了杜月笙的帮助和支持，很快法工部局召开了临时董事会，发给锦江临时特许营业执照。此事成功之后，董竹君为表谢意特地赠送两桌酒席到杜月笙家中，能在上海滩得到贵人的帮助实属不易，虽然他们只是顾客关系。

饭店的扩充，使得锦江在上海滩餐饮界占得一席之地，当时社会舆论纷纷，认为董竹君是一个了不起的女强人。可事实之下，她只是知道她想要什么，并且知道该怎么去获得罢了。

后来，随着锦江的发展，获得了法租界工部局颁发的一张 A 字执照。餐饮界都以这张执照为荣，因为在那个时候，只有洁净可靠的餐馆才能获得这张执照，外国人往往是根据这张执照去用餐。可是，在董竹君看来，这事没什么光荣的，在半殖民地半封建社会，中国人自己办餐馆还要得到帝国主义的证照是一种耻辱。

锦江虽然越来越兴隆，可是董竹君的身体却每况愈下。白天忙于锦江大小事务，夜晚在家还得照顾孩子，劳心费神至极，导致她患了胃溃疡。在这个关键时刻，她不能倒下去，为了养病她辗转迁居，并在不得已之下让国琼陪着她去日本医治。

在国外治病期间，她还在筹划着锦江的发展，但经医治一个月还未见效，她便决定回国自行养病。回国之后，她减少操持，并非常注意饮食，再以药物辅助，一年之后终于痊愈。

她知道自己不能病倒，若是她倒了，锦江怎么办，她的孩子又如何走下去？董竹君的一生很在意身体状况，她能长寿的秘诀或许就在于此。

锦江正兴隆

锦江成功扩张之后，又有一大问题摆在董竹君面前，可这问题她乐于解决，那就是关于锦江室内室外大规模的装潢。她更想借着锦江的特色装潢展现中西结合的美，以此来影响时下的审美趋向。

锦江的生意如此兴隆一方面得益于川菜的改良，另一方面或许就是锦江的特色环境。董竹君利用自己学到的知识经验，对锦江的装潢进行设计，从装修到色彩格调都一一规划好。她认为中西结合的美在于融合了中国传统古典而精致的风格，兼加西方浪漫整洁的特色，从而创造出属于锦江的特色风格。

值得一提的是，就连扩建房屋的天桥都被董竹君创造出了更多的价值。那就是她在天桥的通道和楼梯上下左右建造了十几间雅阁，雅阁相互串通又互不相扰，形成安静雅致的风格，十分受顾客的欢迎。

锦江室内多是仿古摆设，配上霓虹灯的浪漫照明，鲜花与西洋山水油画相映成趣，显得玲珑精致。更难得的是，董竹君在锦江天顶建造五彩宫殿式的布局，中空悬挂月亮形灯饰，雅阁用花絮装饰，鱼缸在灯光下摇曳生辉，这个特色装饰在那个时候是难得一见的，这也是锦江能获胜的一大原因。

锦江的雅阁各具特色，但有一大间雅阁是特殊的，它的特殊性在于它具有革命性！

此间特殊的雅阁设在办公室向右转过道上，它和其他的房间相互隔离，并且设有专用电话，西式家具加上特色精致的点缀饰品，比其他雅阁都要舒适，且带有神秘感，遂唤名为"特别间"。一般进这个房间吃饭应酬的人多是革命同志或一些进步人士。一如著名大作家夏衍曾在锦江吃饭只是签名不付钱，这也是董竹君许可的事情。当初董竹君开设"特别间"是为了与革命同志联系，并为他们做掩护工作。她终于实现了为革命效力的愿望，当初被拒入党的失望早已消散，其实能不能入党，她都会一如既往地坚守真理并全力以赴地去实践。

锦江生意的兴隆，总离不开其装修设置结合了中外，特别是日本的特色风格，这与董竹君在日本生活那些年所学有关。

当年她从日本学成归来，在夏家做当家之主，有着王熙凤的精明能干，又有平儿的温婉，可一个封建大观园终究是锁不住她要求独立的人格。如今独闯上海滩，她就如同竹子般坚韧、高洁，最重要的还是能屈能伸、随机应变，在适者生存的上海滩能占得一席之地就是最好的见证。

　　锦江除了在装修布置上花心思外，还特别注重餐桌上的用具。锦江给人的印象第一或许就是"干净清新"四个字，就从吃饭的筷子来说，锦江的筷子以松木制成，外套纸套，里面有各种彩纸诗条，这些都是为了让顾客餐前助兴而备。甚至还在国内首创地使用一次性筷子，为了保证锦江的清洁，董竹君可谓费尽心思。

　　从外到里，锦江都给顾客带来不一样的用餐体验。之前海外华侨和外国旅客谈到中国菜，一般都是称赞广东菜和福建菜，自锦江兴隆之后，当他人提及中国菜时，才知道原来中国的饮食文化源远流长，品种繁多。

　　董竹君监督锦江厨师改良出适合大众享用的特色川菜，川菜自古讲究色香味俱全，往往味道醇厚。经过改良加工的锦江川菜，更加重视菜式在色香味形之中的调和，讲究精致，迎合南北口味。在这方面，锦江是成功的，因为经过改良的川菜，吸引了广大顾客。

　　她创办了上海锦江饭店之后，南京及上海军政要员也经常出没于此，而卓别林访问中国时，曾在锦江饭店品尝香酥鸭子，这道菜尽显出锦江菜式所具有的精致美妙之感，极其增强人的食欲，让人觉得美丽，又带着一种温暖之感。

　　锦江的菜式多样，也促进了菜价的分区。既有不计利润、惠及平民顾客的成本菜，也有配置巧妙适时、精致周到的高价菜肴。锦江营业额与日俱增的原因是，董竹君懂得掌握顾客的心理，并且菜肴配置优特，清洁舒雅，怎会不得顾客光临呢？

董竹君在锦江的发展上花费了很大的心思。无论是店内清洁，还是关于员工培训、菜肴改良等，都要求达到最高的标准。

对于一家企业来说，处理好员工与上司、员工与员工、员工与顾客的关系真的很重要。锦江能立足于上海滩，甚至闻名中外，得益于锦江工作人员的同心协力。

董竹君在招聘锦江工作人员时，培训的基本内容就是同事之间要相互团结、友好相处，最基本的职业道德就是对锦江的工作必须负责，个人品德一定要做到不抽烟、不赌博之类等。

锦江的客源能源源不断地增加，与锦江服务员对顾客的态度有很大关系。服务员必备的职业技能不外乎是态度要和蔼、有礼貌、有耐心，并且要做到忙而不乱，保持饭店的安静舒适。可见，锦江的员工能如此尽心尽力为其工作，这其中也难离锦江的员工制度。

从锦江职工福利的安排，可以看出董竹君细腻的心思以及讲究信用的品质。在开办锦江之前，她曾到各大餐厅去调查，发现餐饮业员工的薪水不但低且不按时发放，这极其不利培养职工的自觉性和服务精神。她开办锦江之后，决定规定薪金的发放时间是每月的十七号，不但薪水按时发放，且店内小费和年赏的发放也十分可观。

董竹君所定的员工福利，不仅仅只有这些，她还给员工

免费提供制服，以及最基本的生活保障，极其关心员工的
生活。

　　锦江从 1935 年到 1951 年，这十六年来始终按时发放员工
的福利，绝不失信。守信，这是董竹君创业的一大守则，也
是董竹君处理员工关系的一大法宝。在当时，整个餐饮行业
都知道锦江员工工作认真，且店内纪律严谨，有条有理。

　　董竹君在忙于锦江业务期间也没有放松对孩子的教育，
当初她开办锦江很大一部分原因是为了给孩子创造出更好的
条件去接受教育。她希望她的孩子为人做事要有责任心，处
事光明磊落并且理智，不可片面分析事物，做任何事情都该
戒除任性。虽然她是锦江的创始人，可她从不让孩子去锦江，
平日里不允许一些三教九流的人进家门，她是想让孩子结交
一些进步人士，避免沾染十里洋场的恶习。

　　"未出土时已有节，及凌云处尚虚心。"这或许是对董竹
君最好的诠释，自创业成功之后，她并不是过着闲适荣华的
生活，而是日日守护着锦江，促进锦江日益强盛，并给孩子
创造良好的发展条件。

　　贫困的家境，低微的出身，并未成为她背负一生的包袱。
当她创业成功，成为商业女强人时，她让自己的人生完美地
转身。转身之后，她又带着她的义务和责任，永不停止前进
的步伐！

创业与社会

锦江饭店日益兴隆，董竹君并未一心只投入商业之中，恰恰相反，她之所以艰苦地创办锦江，也有很大一部分原因是为了她的革命事业。

抗日战争前，中国共产党党员在上海并无舒适安全的联系地点，且当时的上海滩并没有给社会人士创造舒适谈心的休闲之处，基于此，董竹君决定在上海法国公园附近租赁中国职业社的房屋创建锦江茶室，此茶室最主要的作用是为了给革命地下工作者作掩护。

1936 年 1 月 28 日，锦江茶室在董竹君生日那一日正式开张。为了创建锦江茶室，董竹君可是花费了很大的人力物力，且费尽各种心思。

为茶室选定地址之后，董竹君邀请杨虎的太太田淑君投资一千元，计划开办一个能容二百多人的茶室。这个茶室上下午卖茶点，中午和晚上卖饭菜，这些就是茶馆的第一特色。

关于锦江茶馆的设计，董竹君按照自己的设想让工程师规划茶馆，可工程师竟做不出来。无奈之下，董竹君唯有利用她在日本学到的一点知识，并自学设计，随后亲自监工，这才建成了别具一格的锦江茶室。

锦江茶室的布局很是值得一谈：朴素雅观的店门，气势雄伟的大厅，浪漫且清新的雅座，玫瑰红沙发椅、五彩靠垫、暖气，美感舒适且室内无一丝郁闷之感，就像身处火车间，尽显小巧玲珑，又不失情调。

茶馆开张之后，上海滩上的革命党人和进步人士都喜欢在这里集中商谈国事，亦是上海名流爱去的地方。有些文人把这里当作文艺界的"沙龙"和"工作室"。品茶看书，安静写文，好不惬意！

周到的服务，精致的菜点，这些就是董竹君所创建的锦江茶馆，自开办以来，每天都吸引着国内外名流的青睐。依靠着锦江，董竹君结交了更多的朋友，且通过它，她更加了解了社会各个阶层，以及政治、经济等各个方面。

锦江茶室刚刚创建的时候，只有一大间，随着生意越来越好，在半年之后，董竹君扩充多间雅室并招聘多名工作人员。眼看着锦江茶室的生意越来越好，董竹君想乘机抓紧扩建，可1937年北平卢沟桥事变和上海"八一三"战事爆发之后，董竹君根据社会境况的变迁，当即下令停止扩充锦江。

董竹君生性爱美且爱好艺术，她把她的品味爱好全然用在锦江二店的装潢上。她的爱好是后天培养出来的，就如她爱干净清洁，这与小时候母亲对她的影响有关，后来在日本生活的那段日子把"干净整洁"这个概念深入她的内心和行动，此后不管日子过得怎样，她始终坚持这一习惯。

她更是明白，锦江若是没有特色，很难在上海滩立足。为了锦江的稳定发展，她费尽心思创造出各种有利的条件。即使她奋不顾身地拼搏，但也并非万事都顺心顺意。为了办好锦江，她日日忙，从未停歇，无论大事小事，她都事必躬亲，因为锦江是她唯一的出路。

就在她辛苦经营的时候，令她最无奈和感到遗憾的是，她没有足够的时间陪伴孩子。她的女儿在锦江创业之初还未成年，正是最需要母亲陪伴的时候，可她却为了锦江，狠下心把孩子放一边。

这一路走来，太多的艰辛苦楚要独自一人咽下。她是一个没有双亲、没有丈夫的人，可她不但要为孩子的教育和未来的发展创造条件，她还要协助革命事业。这些年，她想了很多，作为一个中国人，没有什么比想祖国变得独立而强大起来更重要的事业了。

她坚信，只要万众一心，中国必将能历经劫难迎来万物复苏的春天。现在她能做的就是把锦江办好，让更多的人能够从中受惠。特别是妇女，她主张的是女权，她要中国的妇女站起来，笑看天地！

在当时的上海滩，特别是服务行业女性很少。对此董竹君深感惋惜，社会就是不给女性独立的机会，让她更痛惜的是，一些服务行业招聘女性工作，只是为了让她们招揽顾客，这是对女性的不尊重，为此，她想改变这个局面。

她要这个社会尊重女性，她要女性拥有职业，若是经济独立了，社会或许能对她们平等视之。因此，当锦江茶室开业时，她招聘了一批女服务员，教她们怎么把工作做好以便能够受到社会的尊重。

最重要的是，董竹君在思想上让她们认识到，她们赚钱并不单单为了养家，还可以提高妇女在社会上的地位。经过董竹君培训的女服务员，工作灵活周到，作风正派，她们能够很快地融入工作中，与锦江的规章制度离不开，锦江是上海餐饮界著名的正规严格的企业，因此顾客也不敢为难这些女性服务员。

敌伪时期，其他餐饮店靠着女服务员卖弄风情招引顾客，锦江茶室依旧秉承着正派的作风，即使遭到排挤也未曾改变，这一切都受到了社会的好评，当时《大公报》还发表一篇名为《职业女子访问》的文章来体现锦江茶室的女服务员。

董竹君所创办的锦江二店，不单单是把它当作赚钱的企业来经营，更是把它当作高尚有意义的文化事业来发展，这就是董竹君与其他人经商的区别之处。她所创办的锦江与社会脉搏息息相关，这正是她想要的。

1935 年春，正是万物复苏、桃红柳绿之时，锦江出现在风云诡谲的上海滩。它的出现，它的日益兴隆震惊了整个餐饮行业，同行的与之纷争，不同行的也想拉拢赞助。

当时出现了这样的一个场面，在锦江附近如雨后春笋般出现了许多饭店，都以川菜为重。凡是能获得重利的行业，背后的东家几乎都不简单。若没有靠山，想在上海滩这个弱肉强食的地方生存下来，简直是不可能的事情。若是说锦江没有靠山，也不会有人相信，即使它有靠山，靠得最多的还是自身的经营发展。

更有趣的是，当锦江兴隆的时候，国外竟然出现冒牌的锦江饭店。当年董竹君办纱管厂的时候，想招商引资十分艰难，没想到如今创办锦江，许多人争先恐后地与董竹君协商入股锦江并邀请她去国外开设锦江分店。这一切都受到利益的牵动，没有利益牵制就没有盟友。

为了锦江的发展，董竹君本想把锦江做大，甚至把分店设到各个国家，可是她更看重的是国内的革命工作，她的精力只用在有意义的事情上。

董竹君是一个知恩图报的人，当年初办锦江时，难以解决扩张问题，幸得杜月笙的鼎力相助。在 1937 年，杜月笙想投资锦江，把锦江建成综合性的娱乐场所，若是此事办成，不但收益可观，且有利于董竹君做地下工作，为此董竹君决定与杜月笙合作。遗憾的是商机被"七七事变"打乱，未能成功。

可以说，锦江的发展见证了社会的变迁。它的兴与衰，都离不开时局的变换。锦江的许多扩张计划都被战乱打散未能成功，不仅仅只有杜月笙的合作。当时，上海滩的头牌广式餐馆"新雅"欲与锦江合并，因"八一三"事变的发生锦江未能承购"新雅"。

1941 年，董竹君流亡菲律宾期间，当地华侨愿赞助她开办锦江分店，董竹君想着能够为革命增多一个根据地也不错，因此应承了下来。可当一切准备好之后，珍珠港事件爆发，办分店的事情再一次被搁置。直到第二次世界大战结束之后，董必武一行人邀请她去美国开设分店，可当时迫于回国的精力在于整顿分店就没有前往美国。这些事情都成了锦江的憾事，可是对董竹君来说，每个时期都有她迫切需要先做的事情，所以她不曾后悔！

当锦江饭店的生意红遍上海滩时，坚韧不拔的董竹君被人夸为"成功出走的娜拉"。她是中国最早的女企业家，她的不平凡得益于她的不甘平凡。在她身上看不到一般女性常有的狭隘之气，她心胸开阔，宽宏大量，面对现实的艰难困苦，她勇敢面对，若不是有这些良好的心理素质，她也不可能成功创办锦江。

"沉舟侧畔千帆过，病树前头万木春。"这些年过去，夏之时依旧安身于那闭塞之地，可她已漂洋过海创造出人间的喜怒哀乐。

创业与社会互补，这是董竹君的一大观念，她的创业不能离开社会，更要反馈给社会。她创办实业，可以增加社会的就业率，特别是为妇女提供赚钱的机会。她不但自己要争取女权，还要整个社会都重视女权。

冰心在玉壶

自董竹君创立锦江之后，全力以赴地为革命事业做地下工作。当时极少人知道董竹君是在为共产党做事，一方面她是安全的，不过想拉拢她入国民党的也不在少数，因此她做事格外小心。

抗日战争期间，锦江的生意依旧兴隆，也就在这个时候，南京政府的红人郑毓秀欲邀请董竹君加入国民党。郑毓秀当时任上海法政学院院长，名声很红。

董竹君极其不赞同郑毓秀奢侈的日常生活，而且她们的政治立场不同，若是过多接触必定会危及自己的人身安全。可郑毓秀却有意与董竹君结交，几次三番暗示董竹君加入国民党。对此，董竹君假装对政治不感兴趣，只是一心想赚钱且投资孩子的教育。

郑毓秀见她确实对政治没有兴趣，才放弃对董竹君的拉拢。其实，郑毓秀能够放过董竹君，只不过是董竹君与她没有利益冲突罢了，在这场较量之中，也展现了董竹君杰出的社交技能。

当时，除了郑毓秀向董竹君示好之外，还有一个人叫张翼枢。他是法租界工部局董事、法国哈瓦斯通讯社上海分社负责人，来头可是比郑毓秀大得多了。而他示好董竹君的目的并不是邀请她加入国民党，而是要董竹君做他的姨太太！

当年董竹君能够成功在上海违规搭建天桥，明面上是得益于杜月笙的帮助，可实际上杜月笙是求助于他，才得到法租界工部局董事的临时会议的许可，给锦江发了临时营业执照。

可董竹君与张翼枢未曾有交往，他为何会帮助她办好锦江执照呢？这事终于在抗日战争爆发的时候揭晓，张翼枢为了达到目的终于说出了他的要求。

他知道，对于董竹君这般自立自强的美人，不能一味地使用柔软的手段去讨好她，必要时还是要采取强硬的手段，抓住她的软肋，还愁她不入圈套？

当时，张翼枢邀董竹君相见，他们的第一次见面是在上海局势恶化之时。锦江与其他企业一样面临着战乱的危急，若没有靠山很难在战乱中生存下去。张翼枢给董竹君带来了一个不好的消息就是杜月笙已经离开上海去了香港，除了带来坏消息之外，他还表示，虽然杜月笙已经离开上海，但是此后关于锦江的一切事务，他愿鼎力相助。

对于张翼枢公开的示好，董竹君又惊又忧，她没有想到搭建天桥一事竟然惹祸上身。难道为了事业，她就要以身相许吗？

她从来就不知张翼枢早已经对她衷情，她也不知道十年前她去杜月笙家应酬时，她的美貌与风度已经深深吸引了这个政界高官，她也不知道张翼枢一直处心积虑地引她入套。

张翼枢诉尽衷情之后，看着董竹君惊讶的神情，紧接着以锦江的发展相劝。若是他们能成为眷属，董竹君的事业就能更上一层楼。与张翼枢结为眷属？这是董竹君从未想过的事情，并且在她心里面是抗拒的。

且不说做他张翼枢的姨太太了，当年她在堂子里面与夏之时相爱，也不愿做夏之时的姨太太，况且她和张翼枢绝无感情一说。可是，她知道张翼枢这个人不能得罪，若是得罪了他，不说锦江会出事，她也难逃劫难。

为了从此事脱身，董竹君绞尽脑汁想出一个既不得罪他又能够脱身的办法。张翼枢表示他尊重董竹君，了解到她独自一人带着孩子闯上海滩的辛苦。既然如此，董竹君表示愿意跟张翼枢组成家庭，可是他必须与他的妻子离婚！

以张翼枢的身份地位根本不会与他的妻子离婚，为此他提出愿意以自己的政治和经济力量促进董竹君的事业发展为条件，可董竹君却以自己的身世让他动容。

张翼枢终究是放过了董竹君。若不是董竹君以温和的手段与合情合理的条件让他知难而退，这事又怎能了结？后来，她把这件事情告诉她的女儿，遇到事情不能逃避，唯有迎难而上，除此之外还要注意方法，若是方法不对，事情或许更加糟糕。

在创办锦江期间，董竹君要面对的事情远不止这些，当时的社会都在看着从将军府出走的娜拉，看着她是否能够成功。夏之时远在四川定然也知道他曾经的妻子，如今在上海滩闯出了一片天地，只是董竹君现在已不需要他了，她想要的不过是他对她的肯定以及社会能够改变对妇女的看法。

在当时的社会，在千千万万的男子当中，妇女却占不了一席之地。在社会舆论之中，女人的能力远不及男人，更不用说社会相信一个女人能够在商业闯出一片天地了。

无论社会怎么看，董竹君坚信，只要肯去做，就一定会有结果。她不信这一路走来，历经千辛万苦之后还是一事无成，于是她艰苦创办了锦江。锦江的兴隆改变了社会的舆论，至少并不是所有的女人都不及男人，两性之间的独立平等是可以存在的。

一如当时上海沪江大学校长刘湛恩先生，对董竹君的满口敬佩与称赞。他认为董竹君是才能与智慧的女性代表，可未料到就那么几句赞扬却引发了一起莫须有的诬蔑。

1938 年，参政会第一届第一次会议在汉口召开，参加者大部分是国民党人，也有共产党员、第三党、青年党、在野党以及无党派爱国人士。这事本与董竹君无多少关系，可她却接到了刘湛恩夫人的邀请，董竹君得知她也是妇女界的进步人士，因此她回信表示愿意参加此次会议，只是因病未能前往。

可令董竹君没有想到的是，刘湛恩先生的夫人竟然到处传播，说董竹君与日本人有关系，且有卖国的嫌疑。对此诬蔑，董竹君又气又笑，她一心想着救国，又怎会帮助日本人做事呢？

后来，她的友人劝慰她，因为刘校长对董竹君的行为人品极其赞赏，他的夫人肯定是因为妒忌才造谣打击她。或许这些谣言对于其他人来说并无过多的影响，可对于董竹君来说，这是一个沉重的打击，因为当时正值抗日战争，她做的是革命工作，想反抗的就是日本侵略者。

抗日战争开始之后，上海滩的局势大变，总有些不良商家想乘机赚大钱。随着战乱的肆虐，曾经繁华的上海滩成为孤岛。

单单从董竹君身边说起，当时许多房东、律师、法官等相互勾结，企图对房客实行敲诈赚取大钱。当时与锦江同样闻名于上海滩的"新雅"广式餐厅也被房东敲去了几万元，锦江的房东也想对锦江出手。董竹君无奈之下，托律师刘良去解决这个问题。如今面临着战乱，锦江不能再无故失去元气了。

刘良独闯上海滩数年，早已经明了对方的把戏，准备以其人之道还治其人之身。对付这些恶人，刘良故意以董竹君的身份吓退他们。既然社会上的人都说杜月笙和杨虎是锦江的靠山，那么刘良就把这些靠山一一搬出来，不够再搬其他的靠山，真真假假唬住他们，还怕他们来敲诈！

并非董竹君想用这些伎俩，可是在当时的社会环境下，这是最有效的方法。

1937 年 8 月，日本帝国主义在发动卢沟桥事变之后，辗转又把目标定在上海。由于战乱，炸弹乱窜，上海大世界十字路口遭到了重创。

当时董竹君正在锦江饭店的厨房屋顶察看情况，炸弹从头顶飞来，她双手捧头倒伏在天台上，那么一瞬恍若失去了知觉，店内碗碟全碎一地。若不是炸弹偏了一点点，锦江将被炸为平地。

董竹君清点店内人数，稍稍安慰员工情绪之后，走出锦江看见外面一片混乱。救护车川流不息，遇害的人血肉模糊，生死别离惨不忍睹。她看着这一切，这战争带来的一切，她悲愤、无奈！若世上无战争，又何至于此。

　　但她依然相信国无长弱，中国终究会站起来，中国人也将站起来，顶天立地！

第六章

今有英雄起巾帼

支持革命业

1935 年，董竹君的创业如火如荼地进行，锦江生意蒸蒸日上，入了沪内上流人士和权贵军政的视线，时下好评如潮，对董竹君赞扬有加。称赞董竹君对锦江的管理、布置、员工的安排、福利等井然有度。走进锦江，犹如走过一处文化之地，走入其中的人也会被这种气氛所感染。细细想来，一手打拼出锦江的董竹君又是有着何等的才干。

女性创业，女性实业家，岂能再像先前那般用斜眼去看呢。从门缝里面看人，会把人看扁。董竹君迈出坚实的一大步，给无数女性开出一道先河，成为名副其实的女权先驱。

锦江虽有了一定的社会地位，但董竹君依旧很谨慎，这

董竹君：一首激扬的命运交响曲

么多年，风雨兼程所迈过的坎，让她知晓世事难测，再多磨难都不可怕，同时更要不忘初心。

这一年秋天，锦江刚开门不久，董竹君收到了一封信件，出自于李堂萼，她想起一些往事。昔年刚到上海不久，遇到两个知己，相谈甚欢，并介绍她入党，董竹君欣然应允，而李堂萼正是那时要去见的李先生。当时，出了变故遂才不了了之，郑德音等被抓被害，董竹君无比痛心，如今见得故人信件，手中信件分外觉得沉重，又是惋惜，又是欣慰，持这封信来的乃是宋时轮。

董竹君吩咐员工，将其安排到了三楼二十一号房间，亲自接待了他。宋时轮着中式灰色长衫，站在那里等候。董竹君见到他，屏去左右。他见没有旁人，便将信件递上，董竹君拆开信件，方才了解这位此时的情况。

宋时轮那张古板的脸上还有点担心，生怕出什么变故。他见董竹君二话没说拿着现款出来便暗自自责，不该这样不信任董竹君。他接过现款，和董竹君深深地握了握手。董竹君对这位革命党人很是敬重，也没有搪塞，宋时轮望着眼前三十多岁的董竹君，风华绝代的她并不是一个花瓶，她有着男人也没有的气魄。

他们互道顺利，握手而别，相别于江湖。

后来上海解放，宋时轮还亲自来到锦江，与董竹君会晤，一起喝酒、吃饭、聊天，他情绪很激动，尤胜于久别重逢的亲人。这一次宋时轮还送了董竹君一件礼物：一把日本上将的指挥刀，以示相互扶持。当时董竹君慷慨的捐助，宋时轮把这些钱财皆用在急需之处，除了些许路费，都用在建立游击队的根据地上，可谓物尽其用。

"六十年前沪识荆，微薄奉赠奔前程。戎马一生功卓绝，将勇风范启后生。"宋时轮病逝时，董竹君前往悼念，作诗吟赋。这位伟大的革命人物解放后在沪病故，临终前仍记得董竹君的雪中送炭之恩。他们的故事，也被后来的《革命史资料》所记载，乃是一段佳话。

锦江的服务员、侍者中也隐藏着革命党人，董竹君细心安排，将他们隐藏保护起来。她并没有刻意地寻找什么隐秘之地，让他们东躲西藏，而是反其道而行之，将他们暴露在阳光下。再隐秘的地方终究有被发现的时候，尺有所短，寸有所长，世事没有绝对，换而言之，谁会想到一个普通的服务人员会是那些革命英雄呢？

一如李亚群，他在 1935 年领导革命失败后，来到上海并被董竹君救济，成了一位低调处事的服务人员，锋芒暗藏。这两年董竹君一直在帮他找组织，终于在这一年，与张执一同志一起去了延安，有了用武之身，可以继续为国效力。

后来李亚群同志在桂林告诉徐鸣同志，上海董竹君是个了不起的人，她开设锦江，对同志们很好，我们都很佩服她。因此，在必要的时候，锦江是他们的安身避难之所。

革命大业不仅是一代人的事，下一代人的培养尤其重要，他们是真正的接班人。董竹君一直接触一些青年，用自己的

董竹君：一首激扬的命运交响曲

理解给予他们政治思想上的启发、诱导，并在经济上给予帮助。其中四川人杨慧琳，常常接触董竹君，董竹君经常鼓励她、劝导她：妇女应该自强独立，应该关注国家大事，巾帼不让须眉，妇女并不是附庸，在关键时候也能顶半边天。

杨慧琳从董竹君这里懂得了很多革命道理，后来成为一名优秀敬业的革命青年，加入了中国共产党，为国分忧解难。

董竹君开办锦江，只有两个目的：培养子女，扶助革命。所以，每次发现革命党人身陷困境，她都会伸出援手。

锦江由她经营，从一个默默无闻的小摊子，变成现在这样名流出入的餐饮文化之地，而董竹君并没有迷失。她的思路很清晰，方向很明确，帮助党完成革命，挽救中国。

家是小家，国是大家，大家要亡，小家难存。这种最基本的家国观念，董竹君内心一直明了。

抗战前夕，郭沫若同志从日本回国，住在上海高乃依路捷克人开的公寓。董竹君之前虽然没有见过这位老先生，但对他的事迹耳熟能详。她曾经读过他翻译的文艺书籍《少年维特之烦恼》，对这位老先生发自内心的敬重。

董竹君牵挂着老先生，他回国很多人都知道，眼下乱局已成，到处都是是非之地。她担心有人会暗害郭沫若，忧虑着他的饮食安全，便每日三餐派锦江忠厚老实的店员邓明山负责郭沫若的日常饮食。

郭沫若临行前，感慨良多，他没有想到在上海这个风云变幻的地方能得到陌生人的全力相助。常人一饭一粥之恩尚且记得，何况是他。对于董竹君，他感到很感慨，也从中看到了国家的希望。于是郭老赠了一首诗给董竹君，以志纪念。

诗云："患难一饭值千金，而今四海正陆沉。今有英雄起巾帼，'娜拉'行踪素所钦。"董竹君很是珍惜这首诗，心中想着老先生惦记之事，她知道革命大业未成，她应该与他们共同努力。她理解郭沫若的深意，她将为革命事业继续奋斗，永不却步。

时隔十年，郭沫若回到上海时还特地去锦江饭店看望董竹君。他鼓励董竹君，即使在国家艰难、寒暑相催的时候，作为一个中国人更要勇敢面对，终有一日国家会富强起来。

1937 年 7 月 7 日，抗日战争开始后，上海的局势也迅速发生变化。繁华的上海滩陷入战乱的畸形繁荣当中，市面景象大变，稍稍不慎一些企业就会瘫痪。董竹君看着愈发复杂的社会环境，一方面集中精力经营锦江，另一方面积极参与革命地下工作。

革命军队坚持抗战需要军饷。面对窘境，董竹君毫不犹豫地贡献自己的力量。她迅速决断，把在上海麦特赫斯脱路丽都花园内开设的"暑期锦江餐厅"的盈利所得全部捐献。

董竹君虽然不能站到前线去支持革命，可是她以自己的能力在后方全力支持革命事业。她不知道自己还能避开祸端支持革命事业多久，她只知道，只要她还有能力的一天，她都不会放弃造福社会。

兴女权运动

1937 年上海"八一三"事变之后，革命刊物在上海如雨后春笋般发展起来。刊物种类繁多，内容紧跟时势，进步知识分子家家必定摆放着这些进步刊物。董竹君家里亦不例外，她除了自己看，还希望她的孩子多看看，有时还会分享给朋友。

不过，当年 11 月中国军队退出上海之后，这些书刊也开始转移阵地。上海滩上的书报摊上再也难见那些时新的读物，有的就是几年前出版的杂志，没有新读物对于爱好读书的人来说是一件十分苦闷的事情。

在董竹君看来，社会上不仅不能缺乏进步书刊，并且不能缺少关于妇女独立的书刊。几千年来对妇女的束缚宛如三寸金莲那般迂腐不堪，妇女想要独立站起来，不单单要释放天足，更要从思想上改变。为此，董竹君决定与《大公报》女记者蒋逸宵共同商量创办《上海妇女》半月刊杂志。

她想通过女性刊物唤醒女性的独立自强之心，下定决心之后她立即着手开始办理这一切。在当时的社会中，想要办杂志，按照惯例必须要有七位以上的发起人。因此，她对中共党员姜平、进步女性许广平、作家黄碧瑶等人发出邀请。

1938 年 4 月，《上海妇女》杂志成功在上海发行，对社会造成了很大的影响。这本杂志由董竹君全权负责出资和对外事务，蒋逸宵任总编辑，姜平是副总编辑又是撰稿人，其余同志为该刊投稿人。

该杂志的成功发行，在社会上引起了震动，妇女平等的问题一再提上议程，社会对妇女的看法有所改变。董竹君也知道，单单靠一本杂志去改变社会对妇女的看法不是最有效的，最重要的还是让女性觉醒，不再让其成为家庭的附庸，在新思想的鼓动之下，逐渐自立自强起来。

20 世纪 30 年代战火纷飞之时，《上海妇女》在恶劣艰难的环境下面对着重重压力坚持下来，董竹君等创始人为此不懈地奋斗，无论多么困难，都觉得这是值得的。当时南京汪精卫政府和重庆国民党政府都想收买这份杂志，可为了杂志的良好发展，董竹君一一婉拒。

可纵使董竹君等人如何辛苦挣持，《上海妇女》还是在 40 年代初被迫停刊。《上海妇女》一共发行了十八个月，这十八个月来该杂志的工作人员花费了大量的心血出版了三十六期，一篇篇的文章都在呼吁着女权。即使该杂志停刊了，受到该杂志影响而独立的妇女定然有千千万，这就是董竹君认为值得做的事情。

后来，董竹君得知《上海妇女》这一刊物在解放后全部送去了全国妇女联盟，可这其中却发生了令人费解的事情，当时举办妇女运动时，有同志却认为《上海妇女》由许广平任理事长、姜平负责主编，并且许广平被捕后，《上海妇女》才办不下去。如此看来，董竹君作为《上海妇女》的创始人这一事实却被轻易抹掉了。

即使面对这些不公平的事情，董竹君也未发半句怨言，这些事情在她的人生中不值一提。她始终没有忘记的是曾经帮助过她的人，并且想把这份热血道义传承下去，不计回报，回馈社会！

董竹君除了创办《上海妇女》之外，还给许广平和杨宝琛操办的《妇女知识》提供经费，不但如此，她还给上海的剧艺社和《救亡日报》提供经济上的支持。在抗日战争期间，董竹君以锦江为平台，积极开展革命救国运动。

也就在抗日战争期间，锦江饭店和锦江茶室成了革命共产党人和进步人士开会联系的根据地。在此期间，在董竹君身边发生了一些愉快有趣的事情。

当时夏衍同志经常来锦江吃饭，董竹君特地为其准备好"特别间"和最可靠的服务员。后来，夏衍在作品《懒寻旧梦录》中谈及在锦江的一些事情，当时他记录了郭沫若在十里洋场和他一样遇到了如"漂母"一般的董竹君。

在那个白色恐怖的日子里，董竹君竭力为共产党做地下工作，却没有想到这滴水之恩被他们还记着，着实令人感动。

锦江茶馆有一个多年的免费客人叫李云仙，他是负责上海区域的中共联络员。董竹君认识他的时候，他已体弱多病，可为人极其真诚。他擅长中医，平日里依靠一些门诊费艰难地维持生活。

董竹君得知他年老了还坚持革命事业十分感动，于是经常在经济上支持他。并且李云仙的家离锦江茶室近，因此他的一日三餐也在那里解决。有时候，董竹君一家有什么病痛，李云仙也会为她们看病。只是可惜当董竹君流亡菲律宾期间，这位受人尊敬的老人已仙去。

董竹君在创办锦江期间，她的每个孩子都受到了良好的教育，她们个个上进爱国，深受其母亲影响。董竹君看着孩子个个上大学，深感欣慰，她认为年轻人是一个有创造力的群体，应该多给予帮助，并为其感到自豪。

董竹君的大女儿国琼小时候跟着董竹君吃的苦可不少，曾在董竹君入狱的那段时间，为了养活三个妹妹，不得不停学去教琴赚取生活费，为此她深知因为贫困而停学的痛苦。后来，她也遇到了一个与她同命相怜的同学，那个同学因为交不出学费即将被迫停学，得知此事后，国琼回去与董竹君说起此事并希望得到母亲的帮助。

得知此事的董竹君，决定帮助这位可怜的学生。为了保护他的自尊心，她把钱放入信封悄然放到他的房架上，并且不曾署名。董竹君想帮助青年学生的事情不单只有这一件，在抗战初期，国琼的同学就经常到董竹君家里寻求帮助。

那年冬天，一个青年抱着小提琴到董竹君家里，希望能把小提琴抵押给董竹君换六十元。可董竹君不但不要他的小提琴，还鼓励他努力上进，将来报效国家。她知道，以她的实力即使能够帮助几人或几百人，可若是社会制度不改变，就有千千万万的青年没有出路，这也是她痛惜的。

董竹君：一首激扬的命运交响曲

董竹君希望自己能够对青年人在政治上有所启发，并在经济上尽量帮助他们。当时她想，能帮助一个是一个吧，社会暂时如此，她能够做的暂时只有这些。当时让她印象深刻的，就是她曾帮助过一位四川年轻人杨慧琳，当时杨慧琳正在上海读中学，遵其父之命常到董竹君家里做客，希望能得到她的指导。

杨慧琳从董竹君处学到了作为一个女子也要自立自强的道理，并且国家兴亡匹夫有责，要时刻关心国家大事。后来，杨慧琳在董竹君的鼓励之下参加进步学生组织的读书会和抗日活动。

1935 年夏，日本侵占华北，杨慧琳和进步青年学生组织了抗日宣传活动，在这场声势浩大的抗日救亡活动中，董竹君不仅给予她经济上的支持，在精神上更是给予鼓励。

董竹君知道自己的帮助是渺小的，只是给他们提供了一些免费餐饮和安全集合地！她要做的不单单是发展好锦江给革命事业提供支持，她还要学会伪装，说到底，她也是一个艰辛苦楚的地下工作者！

在那么多她曾经帮助过的人中，她最想也最愿怀念的或许就数女作家白薇。白薇也是董竹君最为敬佩的一个女人，因为她是那么坚韧、那么忠诚。

抗日战争期间，白薇参与上海妇孺援绥募捐运动，那时她正疾病缠身，却不顾病痛日夜为这个活动奔跑。即使她精疲力竭时，也要去参加慰问团，若不是董竹君赶上船去把她拉回来，或许她将会送命。

　　董竹君认识白薇之时，她已经身患重病。白薇是一个进步女作家，却备受疾病的折磨，当她卧病在床却缺少医疗费用时，国琼在董竹君的嘱咐下向社会大众发动筹款，大家感动于白薇的事迹纷纷慷慨资助这位可怜又可敬的女作家。

　　董竹君与白薇的友谊真诚而长青。不但董竹君敬佩白薇，白薇亦是对董竹君赞赏有加。白薇不因他人的谣言而与董竹君绝交，她认为此生能与董竹君成为知己好友是她的幸运。

　　她说，董竹君是池中的莲花，是易卜生笔下的"娜拉"，这个朋友值得深交。她知道董竹君的苦与不屈，董竹君不堪忍受封建家庭和夫权统治，带着孩子再度冲出樊笼开创新的人生。这一路历尽艰难险阻，她曾赤手空拳闯上海滩，曾遭遇双亲亡故的痛苦，还有孩子的教育问题，可她比谁都坚强。

　　如今，他们只看见董竹君光鲜地出入锦江，却不见当年她辛苦创业失败的窘迫，也不见她入狱的贫困不堪，也不曾见她的孩子争着吃一个大饼。

　　如今，她的孩子一个个上了大学，成功地接受了良好的教育；如今，她一如既往地救济患难朋友，还积极做公益事业。这样的一个女人，怎么不值得深交？

　　白薇懂她，而她也懂白薇。同样怀着坚强的革命信念，同样不屈不挠的品质。一个如竹般坚韧，一个如其名一般洁白无瑕，都是值得敬佩的人。

沦陷上海滩

"八一三"战事后，整个上海滩的秩序陷入混乱。各个方面的势力开始变动，有的势力开始撤出上海，又有的入主上海滩，而想要在上海生存则更加艰难。

就连势力遍布上海滩的帮会头目杜月笙也离开上海前往香港发展，可令人意想不到的是，杜月笙离开之后，上海滩在沦陷的敌伪时期出现了一个绰号为"杜月笙"的潘三省。

潘三省可不是什么正派人物，他曾是北平驱逐的对象，后来凭着自身受到的西洋教育又懂英文而投靠敌伪，做了帝国主义的大汉奸。他趁着上海滩沦陷的时候，在上海靠着帝国主义的势力办内河招商局和赌场，靠着上海的金子交易所在上海办足球比赛赚钱，他就这样一步步地跻身上海滩，被称为敌伪的"杜月笙"。

20世纪40年代初期，潘三省带着日本人到锦江找董竹君。以他汉奸的身份去找董竹君，不外乎是想拉锦江的创始人入汉奸阵营，为敌国效力。面对有备而来的潘三省，董竹君又该如何应对呢？

董竹君作为锦江二店的创始人，在上海滩有一定的身份地位，加之她曾经在日本求学过，懂日语，这些都是潘三省想拉拢她的原因。潘三省几次三番地邀请董竹君在北四川路日本军部开办的虹口旅馆内开设锦江分店，他巧言劝说若是董竹君能够在那里开设分店，不久之后定然能够与日本人接触，并且可以和日本人做内河运输的生意，这可是一大商机。

她迫于潘三省的势力，只有想办法迂回脱身，现在正是危急时刻，不但锦江不能倒，她也不能！

因此，对于潘三省的拉拢，她一方面表现得很愿意去开分店赚钱，另一方面又采取拖延政策。开设分店，就算经济上不是问题，还有饭店必不可少的厨师，董竹君就利用寻找名厨这个借口拖延时间。在此期间，董竹君打起十二分的精神，既要小心谨慎地防止潘三省识破她的计划，还要教导锦江的员工小心地对待日本人和潘三省的亲信。

幸好此事终于被董竹君推脱掉了，可当时上海滩的局势非常危急，不仅仅是摆脱一个潘三省的拉拢那么简单。此事之后，他们虽然未能拉拢到董竹君入阵营，也没有在明地里杀害董竹君，只是暗中的各种刁难不断。

其实，他们的暗害是蓄谋已久的，早在董竹君创办《上海妇女》杂志的时候，敌伪就想收买这份杂志，但董竹君千方百计不肯卖掉这意义非凡的心血。结果可想而知，敌伪则认为董竹君在政治上抗拒他们，并且事事不肯配合，就决定暗害她。

上海经过战乱之后，昔日的繁华世界变成了一个恐怖的天地。也就在此时，董竹君连续接到恐吓信，并且遭遇明目张胆的刺杀。那次她卧病在床，竟然有一个黑衣人以送礼的名义私自闯入其家，幸好她的女儿国瑛和保姆强势地拦住并把他推出门，刺杀才没有成功。

事后，大家一边惊恐一边商量对策，是走是留？

也在此时，国琼在菲律宾受到冤屈的消息传了回来，加上自己也面临着危险，于是董竹君决定离开上海前往菲律宾与国琼相聚。

那是在 1937 年 1 月，国琼在上海兰心大戏院钢琴演奏成功，正逢上了南洋侨胞慰问团去菲律宾募捐支援抗日前线的活动，而国琼则应邀前往担任该活动的音乐指挥。国琼凭着一腔爱国情和杰出的音乐才能在该团指挥音乐成绩卓著，可因她一身刚正地对团长作风提出意见，该团长羞愤之下向马尼拉当局诬蔑国琼是汉奸，并想将驱逐国琼出境。

当时幸得莫领事太太证明了国琼每日的行踪，国琼才不被驱逐出境。国琼也如她母亲一般有着自己的傲骨，她完成乐团的工作之后，辞去慰问团的指导职务，并决定在菲律宾音乐学院进修，又为了生活不得不出外任家庭钢琴教师，一直以半工半读的方式辛苦坚持着。

董竹君未料国琼面临着这种困境，当下决定离开上海这恶劣的环境，在离开上海之前她迅速把锦江二店安排好，把三个女儿留在上海独自一人前往菲律宾。

1940 年冬，在漫天飞雪中，董竹君搭乘荷兰渣华轮公司的轮船，启程赴菲律宾马尼拉。这不是她第一次去马尼拉，十年前，她为了群益纱管厂的招商引资去过马尼拉，时光匆匆，一晃都过了十年。

　　董竹君去菲律宾并非是出国散心，而是逃亡，心情是极其复杂的。这一路上，她遇见了许多不平等的事情，让她再一度觉得，唯有国家富强起来，子民才能更加独立，否则到了那里，没有钱就是要遭罪。

　　菲律宾地处亚热带，被称为"千岛之邦"，岛屿宛如翡翠般晶莹剔透。对于外国人来说，这一切都是新奇的，可董竹君当时未有心情去欣赏，她迫切需要找到她的女儿国琼。

　　董竹君到达马尼拉的那天晚上，终于找到了国琼所租的一间吊楼。国琼独自一人在异乡求学，日子过得很是艰难，可她从不向母亲诉苦，若不是她的同学把国琼的事情说出来，董竹君也不知她的女儿竟忍受着这些委屈。国琼在半工半读期间，为了省钱住在一间潮湿的汽车间，若不是董竹君要来，她也不会特地租下这吊楼。

　　在菲律宾生活的国琼，不再是上海锦江饭店的千金，若说她在锦江能过着精致的生活，那么在菲律宾她就得自力更生。在当时满是拜金主义的社会，自力更生的国琼在他们眼里就是一个贫困的人，加上声誉被人恶意诋毁，日子过得更加艰难起来。

　　董竹君为了改善她的生活，当即把吊楼退了，并让国琼辞去一切家教和其他工作。董竹君做这些，不过是想让国琼能够在菲律宾大学音乐学院深造，并且好好调理身体。自董竹君到来，再也没有人敢说国琼是一个穷光蛋了。有时候人总是要出一口气，不为别的，就是要灭一灭那些拜金主义的威风，并给那些恶意陷害他人的人一个下马威。

1941 年，董竹君的女儿国琇决定放弃在泸江大学的两年学业，辗转前往马尼拉寻找她的母亲和姐姐。国琇到达马尼拉之后，住在董竹君为国琼租的屋子里，准备报考菲律宾大学音乐院的声乐系。

董竹君在上海滩沦陷的时候前往菲律宾避难，并照顾在菲读大学的两个女儿。可是她还有两个女儿在上海读书，并且她唯一的儿子还在四川老家生活着，当然还有她的前夫夏之时。

夏之时是辛亥革命的元老，有过辉煌的戎马岁月。后因失去兵权而丧失斗志，离婚之后他回到四川合江老家。赋闲的他，常以鉴赏书画金石为乐。曾经的轰轰烈烈早已经过去，他也没有勇气再去见董竹君了。

如今，沧桑过后，他过着平凡赋闲的生活，而她却在战火纷飞中坚守初心。

流亡菲律宾

董竹君到了菲律宾才真切地知道华侨的不容易，身处异乡的他们往往更加期待祖国能够富强起来。而且海外华侨历来为中国的强大大量献出血汗钱，他们想为中国的自主独立奉献一份力量，可他们在海外所面临的各种压迫和剥削让人闻而痛惜。

她到马尼拉租好屋子把两个女儿安顿好之后，第一件要做的事情就是为国琼雪冤。她精心培育了那么多年的女儿，定然不会被别人欺负去了。

抗日战争期间，马尼拉侨胞决定为抗日前线筹募物资，众人热心地想通过举办音乐会筹募捐款，受邀的音乐人有国琼以及当地著名的华侨黄女士参加该音乐会的演出节目。

在该演出中，国琼担任《匈牙利幻想曲》的钢琴独奏。最终，国琼的演出轰动了马尼拉，当地报纸对国琼的演奏十分赞赏。

国琼演奏的成功不但让董竹君为其感到骄傲，她的成功也是当地侨胞的骄傲。此次演出对于国琼来说，一洗过去慰问团团长对她的诽谤和诬蔑，也让别人知道国琼并非什么汉奸，而是一个爱国艺术家。

国琼雪耻之后，她们母女三人在异国他乡见到了故人陈清泉先生，心情是愉快的。陈清泉是菲律宾华侨抗日战争后援会主席，董竹君到马尼拉不久，他不顾路途遥远特地赶来相见。

他乡遇故知是人一生之中值得庆幸的事情，陈清泉来马尼拉与董竹君交谈了一个星期，他们谈及国家，谈及人生，谈及过去与未来。陈清泉向董竹君表示，明年他将回国发展。

而董竹君则和陈清泉商议，她想在马尼拉筹办锦江分店，既能为革命工作多准备一个根据点，又能为孩子在菲律宾的发展提供经济上的保障，何乐而不为。董竹君一行人积极宣传，终于得到当地总统府人员中到过锦江的顾客和当地华侨的支持，并且难得的是当地移民局同意给锦江人的入境执照。

可就在董竹君决定召锦江的厨师们来马尼拉时，她从上海银行菲律宾分行经理吕锡麟处得知马尼拉的紧张局势，并且吕锡麟再三邀请她一同返回上海。此时，陈清泉也离开马尼拉回去了，而董竹君觉得此时要她放弃锦江分店当真是一件憾事，就在犹豫的时候，她遇到了菲律宾总统府的秘书长，他表示日本人不敢打菲律宾，因为当时菲律宾是美国的殖民地，马尼拉是安全的。

因此，她决定暂时不回国，等把锦江分店办好之后再作打算。然而计划赶不上变化，陈清泉回去不久，太平洋战争爆发，日军占领南洋各地，并要求陈清泉辞去抗日主席的职务并向日本投降做汉奸。

陈清泉凭着一身傲骨与爱国之情拒绝做汉奸，就这样他在侵略军的枪口下英勇就义。董竹君得知好友已经牺牲的消息，悲痛万分，昔日温言细语犹在耳边。他道的那一声珍重竟成了永别，他带着董竹君的遗憾离开人世。

董竹君第一次遇见陈清泉是在她办纱管厂步履维艰的时候，幸得陈清泉等华侨的资助才渡过难关。后来，上海发生战事，也是陈清泉邀请她去他的老家才避开灾难，凡此种种，陈清泉对董竹君的帮助实在是数不清，或许知己好友之间心灵相通才是最为重要的吧！

1941 年 12 月，战争局势愈发严重，12 月 7 日，日本飞机袭击太平洋美国海军基地珍珠港，随即太平洋战争爆发。中国国民政府则于 12 月 9 日正式发表对日、德、意三国宣战的文告。董竹君得知消息后，脑袋一空不知所措，她不知道太平洋战争爆发要什么时候才能结束，如今她们母女三人身无分文想在异国他乡定居简直是痴人说梦。

如此下去将不堪设想，在混乱之下，董竹君跑去轮船公司想订票回上海。可是日本和美国爆发战争，现在正是乱战时期，哪里还有船航行呢？董竹君根本不敢相信这是真的，而且她的举动在他人看来就是一个神经病。

可若是她不回国，她们母女三人怎么在战争时期生存下去呢？若是她不回国，锦江的发展将如何办？此事给董竹君的刺激真的太大了，以至于视力严重下降。无奈之下，董竹君母女和国琼的同学丁景福、菲列浦在一起商量如何在战乱时期生存下去。

珍珠港事件爆发之后，日军迅速开始侵占马尼拉，敌机在空中盘旋，时不时丢下炸弹破坏民居。当轰炸将近时，董竹君母女急忙逃奔出屋子，她们无意识地各自逃命，正如林子里的鸟一样。她们需要的是逃命，而不是四顾结伴而逃，因为死亡之神给她们逃命的时间极其短暂，或许就那么一犹豫或是一声叫喊，则身首异处。

母女三人会合之后，彼此脸色苍白，看着彼此恍如不会言语的木头人。是非荣辱在那一刻全然抛却，心中只有一个念头，那就是活着真好。

战事爆发之后，董竹君夜夜难以安眠，警报声不时地响起，万家灯火皆灭。就在这样黑暗且危险的时刻，董竹君遇到了锦江的座上客油松先生，他是菲律宾儿童服装画家。

油松先生离开之前邀请董竹君：若是战事愈发紧张，请务必到他老家避难。乱战时期，团结一心才是世上最温暖的事情，油松先生的邀请让董竹君母女三人深感安慰，在异国他乡危急的时候得友相助，怎能不宽慰呢。

董竹君决定趁着战事还没有到最危急的时刻先搬到郊外桂华山先生家，而随行的丁景福和菲列浦两人则另外寻找比较安全的地方住下来。战事越发危急，马尼拉陷入一片混乱之中，背井离乡的人不计其数，董竹君唯有冷静下来和桂华山先生研究逃亡方向。最终董竹君与桂华山先生意见相左，各自选择一个方向逃之，其实选择哪一个方向并不重要，重要的是选择了生门还是死门，董竹君决定向南逃亡也是有她独特的想法的。

其一，日军若胜，其军必定从南入城。况且她们不熟悉当地风俗，油松先生家在南城，总有个照应。

其二，第二次世界大战没那么快结束，若马尼拉成为日本殖民地，城内的秩序或许比较稳定，若趁大军入城之前入城或许还有生机。

董竹君选择南逃路线之后，迅速带着女儿及友人一行准备六个月的粮食赶往油松先生家。不过，刚安全到达油松先生家，就得闻美国宣布马尼拉为不设防城市，就这样，董竹君才逃到这里，又要随着全村人即刻撤离。

　　油松先生一家劝她们赶快逃离此地，并且不能跟着他们村子的人逃入山顶。若是董竹君一行不懂当地民俗的人去了山顶，不说她们危险至极，油松先生一家也会被连累。

　　再一次大难临头各自飞，董竹君四顾惘然，一时之间竟失了方向，她又该往哪儿走。异国他乡，深陷乱战之中，可逃亡的心酸路才刚刚开始。

　　若她不够坚强与聪慧，又怎会走到今天的地步，若她能更勇敢与聪明，那能不能逃过此劫？

辛酸逃亡路

　　马尼拉成为不设防的城市之后，油松一家随着村民搬上山顶，董竹君一家看着人去楼空的景象不由感慨万千。此时北方战事激烈，日军将迫近马尼拉，她们的处境十分艰险，下一步该往哪儿逃？

　　就在董竹君一家全无主意时，一辆轿车向她们的方向驶来，国琇和董竹君当即跑出公路把轿车拦下。董竹君劝说他们不要往北方开，并请求司机载她们入城。幸得司机好心愿相助送她们到小镇河边。

　　艰难摆渡上岸之后，司机不知去向，就在她们思量下一步往哪里逃时，日军侦察部队紧随而来。与董竹君一同逃难的人乱作一团。董竹君与女儿再次各自逃跑，她挤出人群躲入空屋大门后，可就在此时她遇见一个菲律宾宪兵正想对日军侦察机开枪，当即董竹君就制止了他。

若是他开枪，敌军肯定以为这个地方设防，这是危险的事情。幸好宪兵没有把董竹君当作奸细，随后董竹君寻回自己的女儿商议是在小镇留宿还是步行回城。若是留在小镇等日军到此犒劳三军时，她们这些妇女将成为侮辱的对象，因此，唯有回城一路。

当时一个西装笔直的绅士见董竹君穿着与众难民不同，遂决定把她们一行送入城，本来他是回乡接家人入城的，不料接不到家人反正把董竹君一家送入城了。当时菲律宾是美国的殖民地，平日里喜爱富贵人家，更是对穿着精致且美丽的女人极其尊重，此次若不是董竹君事先了解这些风俗，在逃难的时候叫同行的人稍加打扮，整洁着装，说不定会遭遇更多磨难。

这位绅士载着董竹君一行和其他一些难民往城内驶去，不料空袭警报在此时响了起来。危急之际，董竹君拜托绅士一定要加快速度开车，因为敌军扫射也不一定准，若是停下来反而更加危险。绅士听取董竹君的建议加快速度。只是后面传来的枪声让人心惊胆战，又不知有多少人死在枪口下！

董竹君到了马尼拉城内油松家与绅士握手道谢，患难之中的点头之交往往令人此生难忘。告别绅士之后，董竹君一行在油松家住下，看着街道上无政府的混乱状态，忧戚万分，一边是火光冲天的战争，一边是逃亡的辛酸，她就这样被困留菲律宾。

　　被困马尼拉之后，董竹君和两个女儿还有好友张克勤靠着借贷在油松家住了一年多。在这一年中，她们简直是度日如年，为避被奸污，她们晚上在三楼屋外的瓦顶上睡觉，整日不出门，靠着张克勤负责日常饮食和传达外面的消息。

　　董竹君一家靠借贷维持生活时，也时刻注意好的穿着，她们的气质获得了邻居们的尊重和保护，当敌军要捉女人时，邻居总是设法掩护她们。

　　战火不歇，董竹君认为战事若是持续下去，她们靠着借贷是难以维持生计的，于是她想靠做生意赚取生活费。虽然战事爆发后，当地的商业呈现瘫痪的状态，然而商场买进卖出的生意却活跃了起来，只是做这些生意的以妇女居多，因为男人们不愿为敌军卖命多是避难山顶或终年不出门。

　　董竹君带着两个女儿搬到桂华山先生住处附近的空屋住了下来，好友张克勤则离开她们另谋生路，此后她们的保护者是一条友人送的警犬。在战时做生意用"艰辛艰险"四个字形容最适合不过，每日清晨她们母女三人就开始奔波，刚开始时艰难异常，她们要在几个办公室之间来回奔波，直到黄昏才挤着车子回家。

　　其实她们还不是最困难的人，有些难民连温饱都解决不了。她们时常在做生意途中遇见一些小孩子提着一些糕点和水果向行人兜售，有时候是边跑边哭着求人买，董竹君母女每次不管有没有赚到钱都会买一些，因为她们知道贫穷人家的日子，若是没有人买他们的东西，有可能连伙食都成问题。

可是董竹君一家的生活也不好过，有时候奔波劳累一天也做不成一单生意。日子愈发穷困，不得已之下，她们又搬回城内贫民屋中居住。搬家之后，她们依旧艰苦地做着生意，除此之外，她们每日都会去马尼拉七号码头，望着祖国的方向，归心似箭！

就在此时，第二次世界大战因德国法西斯在斯大林格勒战败而发生巨大的转折。而国内的抗日战争也进入了战略相持阶段，董竹君得知消息之后，一方面担忧国家的安危，另一方面还忧心自己一手创建的锦江二店如今发展如何。可她知道，第二次世界大战不结束，她很难有机会回国。

值得欣慰的是，她们经过艰苦的奋斗后，生意终于有了起色，她们所赚取的佣金在还清债务之后，可以迁居到好一点的房子里面住。不到一年就迁居两次，第一次她们搬到海边一个叫"巴赛"的地方租了一栋旧楼房，不久之后又搬到附近的公寓中。

1943 年 11 月，美、英、中三国首脑在开罗举行会议，商讨了联合对日作战和开辟欧洲"第二战场"的问题。眼看着战局越发激烈，董竹君所在的马尼拉地区更是情况紧急，当地买进卖出的市场随之衰落，董竹君一家为了安全和减少开支，决定搬到一个有防空洞的地方住了下来。

离开祖国，背井离乡，有家难回，才知道骨子里面那种家国情怀是那般真切。

　　董竹君在马尼拉待了四个年头，这些年，对家国的思念没有因为时间的流逝而暗淡，反倒越来越旺，无时无刻不是挂念着家乡。战火辽阔，不知亲友是否被波及，是否安在？董竹君经常长久地凝视着东方，心中盼着早日再回故土。

　　1945 年元旦，世界反法西斯取得巨大逆转，开启了战略反攻，已经推进到德国本土，英军和美军在缅甸和太平洋战场上对日本进行大举反攻！就在此时，董竹君就听到了一个振奋人心的消息，那就是有条日本红十字会的难民船将要开往台湾，随后转到上海。

　　董竹君欣喜万分地与当地的华侨协会联系，不过在苦苦交涉下，只买到了一张船票。当时想要回国的难民很多，能够买到一张已经万分不易了。大家商议过后，决定让董竹君先回国。

　　在董竹君准备上船之前，有友人上来劝阻，他说出了担忧，虽是难民船，到底还在战争时期，难保无恙，这一路下去，前途未卜，不应该去冒险。董竹君向他致谢，如今正值她思家思国心切、担忧国内诸事归心似箭之际，明知道会有危险，她也要闯一闯。她这一辈子，经历的磨难还少吗？这样难得的机会，稍纵即逝，于是她决定冒险回国。

　　大家都了解董竹君刚强的性格，唯有道一声"珍重"。临行前，看着女儿们含泪的双眼，董竹君不由红了眼眶。在马尼拉逃亡的这些年，她们祸福相依，经历多少苦多少难，一路扶持才走到今日却迎来了离别！可是局势容不得她不回去，若是迟了，又会发生什么呢？若是现在回去又得面对多少危险呢？这些她都不知道，她只知道必须回国。

　　码头上几家欢喜几家忧，董竹君转身看向海天之交，无言，只希望她的女儿在马尼拉能平安避难，而她亦求自己能一路顺利！

第七章

东山再起立乾坤

九死一生归

　　黄昏时分，轮船正式起锚。载着迷惘与不安，载着希望，扬帆前行，在波涛汹涌之间穿越黄昏日出，穿过万水碧涛，不辞万死也要回去！

　　船舱因为人多拥挤，船客们过着沙丁鱼似的生活。看到此番情景，董竹君想起那年陈清泉邀她去澳门避难的事，只是她现在是回国收拾生活。或许如今的她是幸运的，毕竟还能回来，那个忠诚的英雄却永远回不来了。他英勇牺牲，而她排除万难带着一条命和一颗热血的心回来。

　　次日拂晓，船行不远，船上的难民被安排做各种工作。董竹君有经验，她知道船舱内空气不流通，极易染上传染病，

· *203* ·

所以她也不怕吃苦，就挑一些可以呼吸新鲜空气的活，例如倒垃圾、洗碗碟等要在甲板上来回跑动的工作，虽然辛苦，可是为了身体健康她愿意去做。

董竹君工作时总是注意船头开往的方向，虽然不熟悉海域地形，但她根据拂晓时分太阳从何处升起来判断，发现他们并不是开向台湾。因为上船时就做好了面对危险的准备，所以此时她唯有安分地做着分配的活，不敢向同行的难民提起此事，怕引起混乱。

这一天，船突然停了下来，大家都惊慌失色，随后知道这里是苏门答腊海。

船停下来，空气不流通，传染病很快蔓延开来。染病的人还未断气就被抛入海中，葬身鱼腹。董竹君每日工作，虽然接触新鲜空气，但身祸难避，在停船的第五天也感染上了疾病。此刻，为了避免被丢入海里喂鱼的危险，只能向同行的日本医生求救。

董竹君爬到二楼的医务室门口，开门的人先是恶语相向，但听到董竹君说日语的时候态度立马好了许多，扶她进去被医生救治。当日本人过来盘问，得知董竹君曾经在日本留过学，并且崇拜日本文化，他们才对董竹君稍微放心并嘱咐她好好养病，会日语这个便利条件成了董竹君和另外几位难民的护身符。

终于，船到达了日本九州。董竹君和同行的张女士、黄女士母子被送进一家日本旅馆。董竹君本就是泥菩萨过江的情况，但面对同行几人的求救，还是点头答应带上她们一起。

在日本大街上，董竹君记忆里日本那种繁华整齐的景象已不见，满街凄风苦雨，入目惨淡。在马尼拉时董竹君见识到了战事的灾祸，法西斯战争带来的悲痛是沉重的，她心底一直希望能够重获世界和平。

董竹君到达九州之后，寻着机会去电报局，准备给身在马尼拉的两个女儿发电报报平安，可通往马尼拉的电报早已经不通。由此，她断绝了与女儿的联系，可她知道美军已经开始反攻，马尼拉应该也会安全起来。现在，董竹君唯有到台湾才能给女儿发电报，可船什么时候向台湾出发才是她担忧的？

战争期间，日本的社会秩序走向混乱，她们被巡警二十四小时监视着，毫无自由。她们能做的就是小心翼翼地住在日本旅馆，静候开船。可是她们的内心是着急的，于是开始寻找办法为自己谋取出路，毕竟再这样等下去也不知会遭遇什么。

在来这里的第五天，她们得到了好心的老妇人的帮助，她劝守门巡警不必日夜守着这几个弱女子让自己在天寒地冻中活受罪，这样寒冷的天气，船客都是手无寸铁的女子，巡警日夜守着不就是难为自己活受罪吗。看守她们的巡警考虑之后，才答应带董竹君去见他的上司。

翌日下午，董竹君穿着难以御寒的衣服跟着那位警察来到戒备森严的日本警察厅。这里就如同鬼门关，可如果她想要回国，就必须进去走一遭。幸好，董竹君会日语，她鼓足勇气在日本政府面前申明，她愿意一路坐火车回东三省，沿途替他们宣传大东亚共荣圈的思想，做有益于日本政府的事情，可在她心里，却想着若回到祖国，必然不会做这些卖国的事，不但不做还要宣传爱国思想。

日本人听信了董竹君的计划，并答应了董竹君的请求，她内心激动却强行压抑着。但当那位警察带着董竹君到武官府办理签证时，董竹君一惊，没想到还会有第三道难关。

次日晨，严寒下，董竹君来到了日本武官府，面对着面目狰狞的官员，她再一次地鼓足勇气说了在警察厅的那套鬼话，这人态度立马转变。这件事，若是换谁做，都不一定比董竹君做得更好，三道鬼门关被她巧妙地跨过，重重的艰险在她的智慧下化解。

那位日本官员在董竹君临走时，要求她回到上海要为大东亚共荣圈大大地出力。董竹君面不改色，欣然应允，这才办理了签证。

次日清晨，警察带领着她们上船。日本人让大家带着救生圈，因为战争时期，随时都有危险，若是听到锣鼓响就说明有轰炸机，就让大家到楼上走廊等待；若是锣鼓声再响，就必须跳入大海，待飞机走了，日本人答应救他们上来，送回九州。明明知道这些都是日本人的假话，可她们必须照做，董竹君很是担心前面的路。

当船靠近朝鲜海峡的时候，天不遂人愿，那锣鼓声响了起来，难民们前涌后推地上了通道，董竹君也被挤了上去。
她感受着周围的紧张气氛。有的人被吓破了胆子，此时无论
是祷告上天还是自求多福都没有用，神情木然地看向大海，
有那么一瞬她们竟觉得回不去了。

董竹君此次受到惊吓，让她从此患上了气管炎。那日海
上风浪拂面刺骨，寒浪一波未止一波又起，在死亡的恐惧背
后是她的坚强。若是她死在这广阔无垠的大海里，她又有多
少的遗恨呢？两个女儿还在马尼拉避难，还有三个孩子在国
内，除此之外她还有锦江，还有她的革命事业，这些都是她
不肯轻易葬身鱼腹的原因。警报解除之后，她缓缓神，鬼门
关前走一遭，那颗心更加坚定，她必须要平安回国！

历经艰险渡过海峡之后，她立即换乘火车，至此才踏上
了脚下这片熟悉的大地。到达东北之后，她们的钱已经用尽，
在车上没有钱买吃的，只能吃几口旅馆女主人送的黑面包和
冰冻的牛肉。同行的二人因为饥饿形容枯槁，狼狈不堪。此
刻距离上海还远，她们必须找人帮忙。

打定主意之后，董竹君就开始特别留意有没有南方人，
听到不远处有人说上海话，顾不得面子地上前求助。那几人
听闻是上海人人敬重的董先生，当即愿意借钱给她，此际真
是雪中送炭，暖人心扉，董竹君瞬间恢复了莫大的勇气。接
下来一路上，她们互相帮助一路扶持到了天津，当晚入住的
地方满屋煤气味，男女服务员穿着漆黑并且神情甚是诡异，
董竹君害怕遇上黑店，所以整夜没有合眼，这一路上都不知

道有几个不曾合眼的夜晚，可是为了回到上海她们一直勇敢地坚持着。

当她们所乘坐的火车从天津转车南下时，发生了一件令董竹君气愤的事情。那就是在车站被日本人检查行李时，董竹君用日语向日本人解释她所带的都是一些日常用品，因此她的行李被画圈放行，可就在此时，一个女汉奸竟然不允许董竹君上车，还要乱翻她的行李。

董竹君看到这样的汉奸，专门坑害国人，心下又气愤又厌恶，总是有那些贪生怕死的软骨头卖国求荣，看到国人不仅不思悔改，反而变本加厉。董竹君据理力争，明言这些行李是日本人已经查看画了圈，这个女汉奸就是穷追不舍。董竹君怕延误上车，拿起一只箱子就向着人群中冲过去，女汉奸追赶不及，就在她身后大声乱骂。

到了南京已经是午夜，大家的钱已经快用完了，只得找一家小旅馆，董竹君因为穿得单薄，感冒发烧咳嗽起来，但是一颗心始终是寄托在回家的路上，她艰难地忍受着。车票难买，董竹君看到车站上饥寒交迫、哭声连天的乘客遍地皆是，这幅惨状，让她想到了在马尼拉时，有关战争中遇难者的所见所闻，不禁潸然泪下，战争给人类带来无穷无尽的残酷和灾难。

在战时想要买到一张车票是极其困难的事情，若不是董竹君有日本武官府给予办理的出口签证，她也不可能回到这里。她内心里根本不想用这张签证，可是她不得不用，她必须要回去。

1945 年 2 月 1 日，董竹君一行历经千辛万苦终于到达上海，这四十多天的回国路，若不是董竹君能屈能伸、坚韧聪慧，她又怎能九死一生归来呢？

董竹君回忆这一路来的颠沛流离，面对各种生死考验，终于再一次站在上海滩上，很亲切，又有一种说不出的感觉在酝酿，或喜或悲。董竹君从北站雇三轮车到家时，在凡尔登花园弄口，女儿国瑛已经在等候，母女相抱，悲喜交加，泪如雨下。

整顿生意场

董竹君回到上海，就想兴办瓷器厂，并且将所得奉献给革命事业。她希望尽自己的绵薄之力，助革命早日成功，解放中国的土地，将底层的人民从水深火热中救出来！这一路，九死一生，她也见证了战争给人民带来的不可磨灭的灾难。董竹君依靠着勇气和智慧回到了故土，但那么多的难民又有多少能像她这么幸运？董竹君沉思，无奈地叹了一口气，这条回家的希望之路，不知葬送了多少无辜之人。

得知董竹君回到上海，并且染病卧床之后，许多老职工含泪看望，他们记得这位老板的好，她的大度，她的善良，她对人的尊重，不仅让他们在物质上大大改善，在精神上也给予了他们莫大的慰藉。董竹君感到欣慰，老百姓是最淳朴可爱的，谁对他们好，他们都不会忘记，在和这些老职工的交谈过程中，董竹君了解到了这些年锦江的一些情况。

敌伪时期，锦江曾在董竹君的督办下积攒了不少客源，因此在她逃亡海外时锦江的生意依旧兴隆，每日赚钱不少。当初董竹君出国时把锦江交托给经理张进之管理，可当董竹君从马尼拉九死一生回到上海时，她才发现她所托非人。张进之不但在锦江称霸，还肆意想把锦江搞垮出卖，那些年锦江所赚的钱都流入他的私人口袋。店内员工苦不堪言，可是他们还是苦苦支撑着锦江，他们相信董竹君迟早会回来，锦江不单是他们工作的地方，还是一个大家庭。

董竹君一回来就拖着病体亲手查看账单，一看，真是大吃一惊，若不是她冒死回来，锦江二店迟早会被张进之卖掉。至此她也感谢那一路无怨无悔跟着她拼搏的员工，曾经的真心付出，他们终究是没有辜负她，还是守着锦江直到她回来。不久之后董竹君病情稍有好转，就立刻到锦江具体调查张进之这些年到底把锦江的钱私吞到了哪里。果然，那些老职工所言不虚，张进之得知马尼拉发生战事并以为董竹君在马尼拉无生还的可能，因此就彻底暴露出他本来的贪婪本性，他不但囤积居奇、贪污、盖洋房、买汽车、娶德国老婆、挥霍无度纸醉金迷，他还虐待职工，将董竹君要求的规矩忘得一干二净。

即使董竹君再怎么气愤，现已成为事实，当务之急她必须想办法除去张进之，并且把他私吞的钱追回来。然而，有

时候法律并不是万能的，特别是在战乱时期，她对张进之的
德国老婆有所顾忌，如今锦江已衰落至极，况在战乱时期也
没有什么人能够帮她主持公道。如果想要在敌伪势力控制下
的上海滩让锦江恢复发展，首先她得用一些手段让张进之吸
取教训。

董竹君决定解除张进之的所有职务，并且以坚决的态度
追回赔偿。张进之是董竹君一手提拔的人，他也知道董竹君
并非寻常女性，只得把挥霍未完的四亩地皮归还锦江。

只拿出了四亩地皮，虽然和他吞没的款子相比九牛一毛。
但董竹君只能利用这些钱一解燃眉之急。紧接着，她动手开
始整顿锦江，将店中的其他蠹虫清除，提拔勤恳能干的老职
工，在她的带领下，锦江再次恢复元气。当时许多知情人士
眼看着锦江几番起落，甚是佩服董竹君的这番作为，偌大的
锦江在董竹君的经营下，再次焕发出了活力。

1945 年 8 月 15 日，第二次世界大战终于结束。国琼、国
瑛两人就在这年年底从马尼拉回到上海。一家人阔别已久，
经历世间变化起起落落，终于再次欢聚在了一起。董竹君这
才从女儿的口中得知，在她离开马尼拉的第二天，美军就开
始反攻，轰炸昼夜不停，双方打得异常激烈。女儿们亦是经
历了灾厄，在马尼拉受苦受难，几乎命在旦夕。董竹君听她
们哭诉所受的苦难，让她揪心不已，说到危机之处，一家人
抱在一起失声痛哭。但，母女饱经生死忧患，一旦幸运重逢，
这悲喜交集的心情又是难以形容的！

董竹君：一首激扬的命运交响曲

很多友人因为战争罹难，再没有相聚的一天，夜深人静的时候，董竹君总是会默默地想起他们，希望他们在天堂一切安好。

第二次世界大战胜利结束后的冬天，一名美国空军受国琼之托，带了那条曾经在马尼拉保护董竹君一家的警犬来凡尔登花园家拜访董竹君。从他的口中，董竹君知道了一些事情，原来当初在马尼拉乘坐的难民船实则伪装押运军火和重要人物。美军一直在搜索这艘难民船，这时，董竹君才明白为何当初离开马尼拉后会绕道苏门答腊海，回想起来，她也是感到毛骨悚然，真是太侥幸了！

抗日战争期间，国共合作并肩作战拯救国家危亡，伴随着抗日战争的胜利，上海竟开始出现畸形的繁荣。房子租金猛涨，房东闻到利益的气息，又开始大敲竹杠，猛抬房价。

锦江的房东自然也在搞风搞雨，先是找律师，提起了诉讼，可是由于这位律师不熟民法条文，很快就输了官司。房东再次上诉，加了一条，说锦江不按规矩，私自搭盖房后天桥，使建筑物有倒塌的危险。他自以为抓住了董竹君的痛处，可是没有想到，董竹君拿出了法租界工部局董事会的许可证，只得罢休。

一波未平一波又起，茶室的房东"中华职业教育社"也要收回房子，他们认为在房屋上面有优先选择租售的权利。董竹君请律师刘良回信一封，说明了其中的关键，敌伪时期，他们工作未停，不能算复原，而且茶室生意清淡，董竹君也没有少他们房租，迁店不易，希望他们能体谅。可是双方还是僵持着，直到后面有人出来调节，加之董竹君为此又付出了一大笔款子，换得了十年租赁期才作罢。锦江正是紧张时期，这笔钱花出去，喜忧参半。

"失之东隅，收之桑榆"，董竹君总是这样安慰自己，房子的事敲定，也省去了很多的麻烦，不用总是惦记着这件事了。

经历了这两件事，董竹君陷入经济紧张的状况，但是她回国后就一直想帮革命做一点事情，而经济上的窘况让董竹君干了一件错事。她将钱投入到上海大陆商场交易所的股票市场进行赌博，结果输钱负债。幸好她不是蒙蔽心扉的赌徒，输钱后不是想着怎么把钱赢回来，而是告诫自己以后不要轻易碰这些东西。股票交易本来就是大鱼吃小鱼，做稳当生意的人如何能在这样危险的地方赌运气呢？

董竹君告诫自己，因为股票的事情，家破人亡的惨剧比比皆是，吃一堑长一智吧。她看得通透，倒是没有低迷，打起精神，接着投身到锦江的创业中。可是 1946 年下半年全面内战爆发，期间国民党财政赤字惊人，只能以增发钞票度日，这段时间，是锦江自创办以来遇到最大风险的一次。

1946 年 12 月，国民政府推出"法币"，发行额巨大，造成通货膨胀，物价飞涨。和十二年前相比，大米的价格上涨了整整六十六倍。抗战八年，一般物价平均上涨一万倍，致使国民党财政经济几乎崩溃，后来法币信用破产，大家都在抢购实物。

国民党政府还下令凡持有金、银、美钞而不拿去银行兑换"金元券"者，枪毙；店铺、厂家存货超过两个月者，轻者严惩，重者枪毙。

董竹君明白，这次危机若是处理不当，辛苦创办的锦江很快就会被这"金元券"吞没，她从政治上、经济上估计"金元券"的寿命不过是三五个月，若是听信了国民党政府的话，到那个时候金元券贬值，崩溃，又会掀起通货膨胀，抢购的局面不可避免。又不知道有多少商家会倒闭，就是锦江也保不住。可是锦江不能倒，地下工作、职工今后的生活、国外孩子们的教育等都需要钱，这令她寝食难安，而锦江处于如此险境，她不能不动脑筋。

思前想后，董竹君想到了一个冒险的计策，那就是借进金元券囤积货物，当金元券崩溃的时候，再卖出一些货物，就能还清欠债。既然决定下来，董竹君立马开始挽救锦江的紧急措施，她到处向友人借金元券，为怕走漏风声，董竹君将足够一年用的存货存放别处。同时，她还做了一本假账本，防止税务局的人过来查账。

记得那时候，董竹君晚上发觉账本上有漏洞，立马和账房先生连夜修改。为了锦江的发展，可谓是心力交瘁。

正如董竹君所料，金元券的寿命并不长，终于在 9 月 25 日崩溃。金元券崩溃后，市面上一片混乱，开始有卖银元的贩子，此时董竹君凭着未雨绸缪囤积一年的货物，使得锦江二店没有在这一惊涛骇浪中遭受灭顶之祸。

1948 年的冬天格外的寒冷，但是，很多人都是面带笑容，他们等待着春季到来，等待着万物复苏的那一刻。

也就在这一年，赋闲在合江老家的夏之时在县城十字路口修建日式建筑"四好草堂"，就是不知道他的"四好"是哪四好呢？是避过战乱的好，还是老来有一休闲隐居之处为好？他在战时还独爱日式建筑，是因为他怀念和董竹君在日本生活的那些年吗？他虽日夜以鉴赏书画金石为乐，可董竹君已经是历经了几番生死别离！

锦江保存下来之后，董竹君和一家人团聚在一起，回忆着从马尼拉回到上海后的一些事情，别有一番心酸挫折和感慨，在整顿锦江的同时，她没有一刻放弃对革命事业的支持。

由于这些年逃难时染了疾病，回到家这段时间，除了整顿两店的业务和休养身体，想兴办瓷器厂却一直未成。

尽为光明故

从菲律宾马尼拉回沪后，董竹君整顿锦江时期，她一直希望和党取得联系，同时主动积极地去做一些有助于革命的事情。那时候董竹君刚刚经历完九死一生的回乡路，亲眼目睹了战争对人民的迫害，流离失所的百姓，被鱼果腹的难民，横在车站路边无人收殓的尸体，想到这些，她心中参加革命的愿望更加迫切。

董竹君回到上海不久，当时担任上海警备司令的杨虎来到凡尔登花园三十一号探望。董竹君知道他思想上存在矛盾，她希望杨虎能够投身革命大业，但此刻不在同一阵营，她也不敢暴露自己的政治倾向，就在一边旁敲侧击，暗示他，应该看清局势，为自己的前途着想。杨虎曾多次帮助董竹君解决一些创业上的难题，对此她十分感激，如今有机会劝诫他要多做为国为民之事。

杨虎当时很惊讶董竹君的一番劝诫，他知道董竹君一心扑在生意场上，不掺政治，只关心儿女与锦江的发展，却不曾想她对政治也是如此通透，真是女中豪杰。董竹君自称是身在局外和一心爱国所致。当时杨虎没有怀疑到董竹君的政治倾向，而后，更是多次和董竹君交往，颇多听取她的建议。

1945 年春末到冬季，董竹君已经和党内取得了联系，并根据新四军城工部的间接指示，将一批男女青年送去苏北淮阴解放区。内战时期，到处都在抓捕共产党人，走到哪里都要受检查盘问，当时，这批青年男女经过扬州必须有通行证才能放行。董竹君几番思量之下找到了杨虎，谎称大后方来了几十名男女学生，因为抗战胜利要回家乡，但没有扬州的通行证。杨虎对她很信任，立马嘱咐秘书签了证件，这些青年男女拿着证件才过了扬州的封锁线。

董竹君记得，当初被送往淮阴县的青年中，有个叫李美珍的人，她是一个孤苦伶仃无依无靠的年轻舞女。董竹君看到她时，追忆起自己的豆蔻年华，堂子里回荡着她清脆婉转的歌声，比起李美珍被人抛弃的命运，她算是幸运了很多，那个时候尚且有一个大英雄保护着她。那个时候，无依无靠的女子最为可怜！

董竹君对这个姑娘很同情，给她介绍工作，让她在服装厂当职员，自己养活自己。国璋给她补课，董竹君经常在经济上和精神上给她帮助，鼓励她，让她重拾信心。并且逐渐启发她的思想，了解革命民族大义。李美珍获得了新生，走出了心底的阴暗，志愿做一名共产党人，加入了新四军，她希望以后再没有像她这般遭遇的姑娘。

同时，董竹君将保姆阿金十三岁的女儿也送到苏北解放区去培养。临别前，她们恭敬地向董竹君致谢。董竹君根据自己多年的经历留给她们一句话，革命工作如遇困难，必须跌下去再爬起来！

1945 年 8 月 6 日，美国在日本广岛投下一颗原子弹，9 日，又在长崎投下一颗。因此，日本帝国主义在 8 月 15 日宣布无条件投降。9 月 3 日，正式签订无条件投降书。中国抗日战争胜利，举国欢庆！

在抗日战争结束后，国内仍有内战，董竹君一方面担忧国家的发展安危，另一方面又担心自己在四川参军当兵的儿子夏大明。董竹君已经十几年未回过四川，与儿子亦是骨肉分离十几年，如今他的儿子分配到了中国远征军新一军，不久将远赴前线去作战。

抗日战争胜利后，夏大明在香港九龙托人带信给董竹君，说军队暂时驻扎，不日将开往东北作战，此行一去，不知还能不能再见到母亲。董竹君深知战火无情，况且现在是她最不愿看见的内战，当她冷静下来之后当即叫国瑛去找杨虎，因杨虎是夏大明军长孙立人将军的老师，或许一番请求之下能给夏大明请假两周，回沪探母后再去前线。

那时董竹君和杨虎的关系甚好，在杨虎的帮助之下，国瑛把大明带回上海凡尔登花园家里。骨肉分离十几载，饱经磨难终聚首，当晚，母子抱在一起失声痛哭，董竹君终于将这个已经长得很结实的儿子抱在怀里。

董竹君对儿子讲述内战的性质。在家庭和进步同学以及地下党人的影响下，儿子本来就对国民党人发动内战极为不满，遂积极响应革命的号召，更是在下一年加入了中国共产党。

和董竹君住同一里弄的一名医生叫林有泉，经常和她聊天，谈论国事，此人热心正义，有良好的医德。在受到董竹君的启发后，他热诚地参加革命工作。董竹君鼓励他为苏北解放区购买医药、仪器。有一次，为了让林有泉了解苏北的革命形势，董竹君亲自带着他到上海麦根路垃圾场去见一位姓宋的同志。

在到达目的地的时候，为了隐蔽，董竹君装着很随意的样子，低声和他说笑。等数到那个门牌号，二人瞻前顾后，就和做小偷一样溜了进去，发现没有人盯梢才松了一口气。事后，董竹君想起来总是会掩面而笑，如她这么大胆的人也有这么胆小的时候。最终这位林有泉调到安徽，也加入了中国共产党。

以小见大，董竹君一直以来靠着对革命事业的理解和觉悟来影响身边的人，默默地给革命大业添砖加瓦。

当友人和地下党员危难甚至被逮捕的时候，董竹君不会置身事外，总是苦苦思索，以图救出这些国之栋梁！

1945年初夏，董竹君得知对自家有恩的张锡祺和两位共产党人被抓，她想到抓他们的日本人并不知他们的底细，必须掩人耳目，趁早把他们救出来。所幸的是她得知林医生给宪兵队队长治过病，于是她托林医生去找宪兵队长，首先给出金钱，再谎称被抓的几人是林医生的亲戚。一个月下来，才将这几人保释出来，此事一来有了林医生这层关系；二来还是靠着董竹君把握人心，投石问路，上下打点才成功。

还是在这年，董竹君受到党的指示，要她创办秘密印刷所，准备在新四军进攻上海之时，印文件、指示、宣传品之用，并由她出资与城工部来沪的任百尊协助办理。对于党的要求，她总是一丝不苟地做好，当时她正在整顿锦江二店，经济周转紧张，但还是从店中抽出一笔资金用在建立印刷厂上。再由任百尊出面着手秘密盘入马浪路三七七号（今名马当路）的永业印刷所。

其后，田云樵、张执一同志先后到沪，后者更是在周恩来的安排下领导董竹君开始党的工作。周恩来一行对董竹君的爱国举动很是称赞，认为她是巾帼不让须眉！董竹君开设的两家锦江，在明面上很有地位，大家都知道董老板不喜欢政治，只是爱国和做生意，这也是这两家店能成为地下党秘密安全联络点的便利条件！

"永业"开始营业不久，为掩护工作和革命同志，董竹君觉得凡尔登花园房子既不方便也不够居住，于是就另在迈尔西爱路（今名茂名南路）一六三弄六号租下一二层和一楼后面小间、厨房、汽车间。董竹君为了起到掩护作用，平时也不和他们说话，而是约一些有职业的中青年常来一起打扑克牌，以此避开警察的注意。

任百尊自从与董竹君由菲律宾回国开始共同工作起，董竹君一直在政治上掩护他、营救他，经济上帮助他，直到解放。

正是利用董竹君的便利条件，在上海的同志才得以顺利地开展策反敌人的海、陆、空军的工作。如果说面前是一条河，董竹君就是那个搭桥的人，她一直默默无闻，但她的所作所为无不被这些革命同志敬佩。

她，身不得男儿列，心却比男儿烈！是革命事业中的铿锵玫瑰！

商业女强人

1945 年秋，天空一碧如洗，宛如蓝宝石一般透着一股孕育已久的美。这一天，凡尔登花园三十一号，一位让董竹君激动异常的客人前来看望并鼓励她。她就是周恩来先生的夫人邓颖超，一直以来，她都是受董竹君尊敬、钦佩的邓大姐。

这个时候，国共两党正在和谈，中共中央代表团办事处设在上海马思南路。邓大姐被安排到这边工作，所以董竹君才有缘分和这位大姐相识相知。董竹君在和邓大姐的交谈中备受鼓舞。邓大姐对董竹君的工作表示肯定，并让她利用在上海的有利条件，做好地下工作，包括妇女工作、统战工作。董竹君在和她的交谈中受益良多，感慨良多。

看着衣着素朴、沉稳镇定的大姐走出后门，低头沿墙漫步，董竹君陷入深思。没想到这样受人尊敬的人物，生活却如此艰苦，为国家独立、妇女解放，她奋不顾身，面对危险她不避身祸，站在第一线，这个低头的背影永远印在了董竹君的脑海深处，她或许不高大，但她的脊骨坚挺，扛下了民族大业！

永业经营期间，一大批文艺爱好者涌入，其中有学生，有进步青年，有地下党员，紧张地筹备出版综合性文艺刊物《麦籽》和成立了"麦籽"社。麦籽社的经费是董竹君从锦江抽出的资金。对于这样进步刊物的出版董竹君自然大力支持。她的见识卓著，知道改变一个人要先从思想改变，这类的书籍便是有着治本的作用。

到了这年10月，国共关系暧昧，双方签订"双十协定"，形式变化的很快，中国似是有了和平民主建设的转机。在很多人欢庆的同时，董竹君却满是担心，在这层层的雾霾下，危机埋藏，总有爆发的一天，国共两党行事方式相反，怎能没有矛盾？董竹君叹息，民主建设、民族解放并不会这么轻松地达成。

这时，永业印刷机器设备已不适应使用，旋即董竹君又从锦江抽出三十两黄金在麦色尔蒂罗路四十三号盘入协森印务局的全部机器设备。由此，协森印务局秘密地开设，与永业一明一暗，仍然承印《麦籽》半月刊。

程克祥同志在周总理秘书的指派下，来到了协森，开始秘密印刷《解放》杂志和党的七大文献。这些刊物以中国灯塔出版社的名义出版，由程克祥一人安排销售，董竹君明白其中的意图，这是组织对他们的一种保护。《解放》杂志才出版三期，立马被特务撕毁、没收并且不准发售。董竹君建议停办这期杂志，因此这期杂志已经被盯上，若是顶风作案，难免被特务发现源头。

《解放》杂志停办，却印刷出更多党的重要文献，如《新民主主义论》《论联合政府》《论持久战》《论共产党员修养》等。这些文献第一次出现在上海，它就像精神粮食，就像黑暗中的灯塔为人民指引方向。一经出版，立马引起轩然大波！无数进步人士孜孜以求，在其中找寻思想上的寄托与解放！

1945 年年底，在党员施怀宁等人的帮助之下，协森承印更多的杂志文献，董竹君又增加了投资，使得协森的生产能力每日可以达到三万到四万字。翌年 6 月，上海人民反内战大游行前夕，沪西国毛一厂工会送来反内战传单、口号、标语底稿，要求在两天之内印完四万张传单。这样大数量的印件，这么短的时间内，协森的印刷能力是完成不了的，董竹君随机应变，就托同行的关系，在他们的帮助下，连夜赶工，一天一夜便完成了四万张。

当即，董竹君雇了两辆三轮车将这些传单运往沪西，可在途中却发生了令她措手不及的事，车过路口因红灯急刹车导致传单成捆散落，交警立马走了过来。董竹君生怕事情败露，但在危机中她兀自镇定，上前和那位警察攀谈，得知她是锦江老板，交警就不找麻烦了，也没有去看传单的内容。后来，内战全面爆发，国民党对舆论、民主的压制日益公开化，协森难以为继，故而停业。

1946 年 1 月下旬，上海发电厂公司擅自裁员，工人准备大罢工。国民党为破坏工人罢工，利用新闻工具制造社会舆论，破坏罢工。董竹君冒着很大风险，利用她与国民党上层人物的关系，搞到一张"特别通行证"及"记者证"，安排地下党员伪装记者进入被包围的工厂对其进行拆穿。这件事很容易会暴露董竹君的身份，但是董竹君无私无畏，支持党的工作是不会变的。

1947 年年初，在地下党"工委"的指导下，上海拟建立地下交通站，董竹君慷慨解囊，独资开办美化纸品厂对地下党员的身份进行公开掩护，又在美文印刷厂印刷了《告上海市市民书》。凡是党的工作，董竹君一贯热忱，全力支持。很多年轻的党员都称董竹君先生是一位社会地位很高、不谋私利、忠心耿耿、为革命工作出力、受人尊敬的革命老前辈！

内战紧张时期，上海社会的政治经济动荡不安，物价日益上涨，正常经营的工商业都经受不住物价波动的冲击。为此，建立商业形式掩护联络站的重任又交到了董竹君的身上。总站设在上海，在台湾设分公司即分站，再逐渐向南洋发展。董竹君在南洋华侨中关系很多，在上海的名望让她有了投石问路的机会，不管有多大的困难，董竹君都没有推辞，对于革命有益的事情，她总是毫不犹豫地去完成！

1946 年 6 月，国内战争的形势开始发生有利于革命的变化，为了迎接这一新的革命形势，董竹君开始投资，公开召集少许外股掩护，合资开办锦华进出口公司。

就这样，为了响应号召，董竹君利用自己的商业才干，将公司快速发展，继续为革命事业奋斗。

冰雪净聪明，雷霆走精锐。艰辛生意路，商业女杰就。董竹君凭借自己的商业头脑，将锦江打理得井井有条，为革命的顺利进行埋下了一条明线

她能够把锦江两店办好，并为革命事业做贡献，这些才干并非一日练成。做事她有她的小心谨慎，况且现在社会环境如此复杂，做事不谨慎又怎么能把事情办成呢？

赤子丹心人

1948 年 1 月底，任百尊中计，他所信任的朋友不但吞没

了全部货款，还利用他和台湾当局的关系，联络特务对任百尊进行陷害。任百尊被暗中监视着，情况十分危险，随时都会失去性命。董竹君立马决定，先把任百尊救出来，再去追回货款。

当时董竹君生病住院，因为情况紧急，她不得不走下病床，带着病痛去处理这件事。董竹君考虑到任百尊在台湾，必须利用台湾当局的关系，可是两岸相隔，董竹君虽然在上海已经颇有地位，但是手也伸不到宝岛。最后，董竹君找上了杨虎，她知道杨虎的老婆陈华是国民党军统的人。

此事很麻烦，但杨虎还是点头答应了。他嘱咐他的学生王奇一写信给陈华，并且手持信件代表他和锦华公司副经理林再谋一道，由上海去台湾把这件事办好。在陈华的出力下，找到刘戈青作保证，才将任百尊救了出来，这一番经历又是一波三折。如不是董竹君求得杨虎帮忙，任百尊这次怕是难逃一劫。

这期间，有多位革命党员和进步人士落难，都是在董竹君的帮助下才没有遇害。对于革命事业，她总是鼓励年轻一辈要有大无畏精神！革命就好像长城，需要大家一起添砖，才能铸就宏伟，敌人虽然狠毒，虽然狡诈，但他们不可怕，不要畏惧他们。提高警惕，冷静沉着，还要有高度的斗争艺术。

这些年，董竹君曾多次冒着巨大的风险营救革命同志脱险。每次完成任务，董竹君都觉得离革命胜利的方向又进了一步。她总是这样默默地付出，不觉得苦，不觉得累，一直伪装着革命人的身份，暗中为革命事业做贡献。

1948 年，解放形势一片大好，先后取得辽沈、平津、淮海三大战役的胜利，奠定了推翻国民党反动派统治的基石。就在此时，董竹君创办或资助的一些印刷厂因亏本而倒闭，可为了迎接新中国的到来，董竹君觉得即使生意亏损也没有关系。她当初办这些公司，就是为了给革命提供一些后备保障，如今革命已经胜利，她自然也不会执着于那些利益。俗话说无奸不成商，说到底她不算一个彻底的商人，可她始终是一个能够看准时势的精明商人。

内战期间，也有很多进步人士身处国民党的内部，他们表面上是国民党一系，但是内心又极度不满国民党的所作所为，不满国民党内部的腐败。这部分人都是共产党员策反争取的对象，董竹君就很乐意和他们交流。旁敲侧击，一点点给予他们思想上的启发。

董竹君授意林有泉医生，先后策反了南京空军医院的王先生、桂先生。又曾数次劝说白崇禧靠拢共产党。白崇禧点点头，有些动意，继因胜利在即未能成为事实。

淮海战役节节胜利之后，董竹君就和律师刘良商议在上海提前开始了地下活动。董竹君前前后后想了很多，这是一场有准备有计划的活动，她站在第一线，是这次地下活动的组织者和领导者。

其一，淮海战役即将胜利，国民党撤退在即，为防止他们对物资的转运和破坏，董竹君嘱咐刘良暗中联系苏州河一带的工头们，让他们做好准备，随时待命。等地下党一通知，就能动员起来。

其二，董竹君担心上海解放时，政策不明会造成市场混乱，于是未雨绸缪，提前将各大商人联络好，准备需要。

其三，董竹君准备动员"交警总队修械所"主任詹森起义，控制交警总队的军火库，消减国民党军的力量，同时减少伤亡。

董竹君一颗心都扑在革命事业上，她从不马虎，安排得井井有条，将这些工作都做得很到位，并期待着上海的解放。也因为董竹君的这些措施，给上海的解放带来了很大的便利。

上海解放前夕，发生了动乱，董竹君为了安全起见就带着家人，先后在环龙路一二五弄二楼二零三号和华山路一一二零弄四号两处，躲避了一个多星期。随后，解放军吹响渡江战役的号角，仅仅三天就解放了南京，宣告国民党政权的瓦解。最后压抑在恐怖气氛下的上海终于得到了解放，董竹君那时候激动的心情是难以言喻的。

当时在锦江大餐厅，董竹君请了很多位友人以及革命的同志，拿出了锦江最好的洋酒，共庆上海解放！董竹君喝得也有点醉，平生饮酒只为解愁，如这次痛快畅饮却是人生的头一遭啊！

这么多年来，她那颗悬着多年的心终于放下来了。

不过此时，发生了一件令董竹君悲痛欲绝的事情。当年

董竹君：一首激扬的命运交响曲

12 月，合江也迎来了解放，人民政府聘请夏之时为治安委员，这本来是一件值得庆贺的事情，夏之时终于在年华冉冉老去之时再度为官。

让他们料想不到的是，翌年年初之时，县政府任命夏之时为招抚委员会副主任，招抚四乡土匪。夏之时受副县长相正善委托，亲笔给在虎头海涵寺与解放军对抗的匪首夏西夔写信，劝其反正。但谁曾想，正是这一次敦促匪首向政府自新的事件，把夏之时错误地划到了与人民、与政府、与历史的对立面。

当时夏之时被诬蔑在土匪地盘上担任职位，被错误捕抓并将其枪决。夏之时生如烟花般绚烂而短暂的一生就这样结束了，他二十四岁立下战功担任重庆副都督，二十五岁就担任重庆镇抚府总长，他年轻时英雄与才气兼备。却不料不但陷入失败的婚姻之中，还在为民做事时无辜失去性命。

他去世时，孩子和董竹君都不在身边，一代辛亥革命的功臣就靠着亲戚和朋友简单收殓，或许这也叫世事无常！他所建造的日式建筑还在，只是主人已走。董竹君并不恨夏之时，只是这么多年来，恩恩怨怨总是理不清！

若是夏之时还活着，他们或许有机会再相见。情随事迁，这么多年她独自一人在上海滩闯出一片天，并在乱世之中艰难谋生，唯独谋不了爱，可是她成就了自己，成就了锦江，成就了她的一片赤子丹心。

第八章

特立独行激千浪

解放的锦江

革命胜利之后，中国将要进行社会主义建设，这对于董竹君来说是她一生中最为难忘的时刻。终于推翻了三座大山，一直盼望的国家独立、民族解放终于实现了。

为了纪念这神圣的一刻，董竹君与邓颖超、刘晓和潘汉年等人在锦江聚餐，既然上海解放了，那么她一手创办的锦江二店迟早也要解放。

抗美援朝时期，董竹君和秦德君、张凤君、李知良合办生产教育社，后来董竹君想把它扩建为大厂，因为这样能够解决部分妇女的就业问题。不但如此，董竹君还在法国公园设立临时分店，把盈利所得都捐献给战争前线。

20世纪50年代初春，上海餐饮业大闹劳资纠纷，就连锦江也不例外。那时，董竹君的店内贴满了标语横条，锦江的员工要求谈判，锦江不该属于她而是属于锦江的所有员工。这让人很无奈，他们如此盲目闹劳资，不外乎是认为董竹君利用他们赚钱，可他们没有想过，即使董竹君把锦江二店送给他们，可他们懂得经营管理吗？若不是董竹君一路辛苦经营，他们又如何解决就业问题。

自行谈判无法解决之下，他们决定请酒菜业公会主持，一同去市劳动局解决这场劳资纠纷。社会舆论一直关注锦江如何解决劳资纠纷，若是连董竹君也谈判失败，那么将会影响到酒菜行业，甚至是各行各业。

本着保护民族工商业和统一战线政策的精神和职工利益，董竹君不懈地去谈判，从未因病而停止。当时潘汉年是上海市的副市长，董竹君决定寻求帮助，毕竟他知道董竹君的政治立场，只是事与愿违，潘汉年没能支持董竹君。

即使没有人帮助，董竹君还是坚持到底，六个月之后，劳资纠纷得到解决。

结果，董竹君取得胜利，因为她才是合理者。劳资纠纷虽然最终解决了，可董竹君为此却付出了大量的精力，也因病服药三个多月。可是有什么办法呢，毕竟当时她还不能在大庭广众之下暴露自己的政治立场，她还是一个伪装者。

董竹君当年不堪忍受封建家庭和夫权统治，再度冲出樊笼开创新的人生。历尽艰难险阻，她创办了上海锦江饭店，作为出走的娜拉，她转身之后为自己谋取了生路。不但如此，她还是千千万万妇女的楷模。

解放之后，董竹君当选为上海市妇女代表，后来相继当选人民代表大会代表和全国委员会委员。在任职期间，董竹君积极为社会建设和人民生活问题提案，数量多且质量高，得到了组织的表扬。

20世纪50年代末，董竹君被委任为上海市服务局局长，但被她因病推辞了。她知道这一切都是上级的指示，她也想把上海的服务行业整顿好，可是劳心如此，她当时的身体状况极差，随时都有可能离开人世，当时她还特地去照相馆拍了一张照片留给孩子作为留念。

正当她卧病在床时，四川合江传来夏之时犯罪被处决的噩耗。也就在这个时候，夏述禹来信讲述夏家这些年的变化。夏述禹是夏之时第一任妻子的儿子，董竹君在夏家时念其年幼丧母，遂对他多加照顾，视为己出。可令她心寒的是，在她和夏之时离婚的几十年里，他未曾给董竹君写过一封书信，如今为了破落的家庭才写信来求助，对此董竹君深感愤懑。

可董竹君看在他为人忠厚老实，且还有七个可怜无辜的孩子的份上，董竹君资助了他们一家人的生活。在她的帮助下，这七个孩子大学毕业后在国家各个部门担任工作，这些是董竹君感到欣慰的。最难得的是，夏述禹的七个孩子个个都很敬重董竹君，而夏述禹更是把董竹君当作自己的母亲一般敬重，这些都是董竹君难以忘怀的事情。

与夏家相关的事情还有一件，那就是夏之时的第三任夫人唐氏，她曾托人转告董竹君，夏之时生前经常提起董竹君，说唐氏事事都不如董竹君。正如诗经《上山采蘼芜》中的"新人虽言好，未若故人姝。颜色类相似，手爪不相如"。然而千帆过尽，如今还说这些做什么，也不能增什么烦恼了，最后唐氏还说及，当年夏之时和董竹君就不该离婚。但若是再给董竹君选择一次，她仍不愿老死乡野，愿历尽艰险丰富人生。

俗话说种什么因，就结什么果。可有时候，世上的事情远比此更复杂。

1935 年 3 月，李嵩高资助董竹君创办锦江饭店时，他曾介绍刘伯吾和温子研两个学生到锦江做服务员。董竹君见两人聪明忠厚，遂对他们多加扶持，待如亲人，后来温子研在锦江学到经验之后离开并创办企业，而刘伯吾则在锦江茶室做副经理，后董竹君为他在四川买了一百亩耕地养活一家老小。

却不料董竹君的真诚相待让他们患了得寸进尺的毛病，当董竹君从菲律宾冒死回到上海后，两人竟在她患病期间前来相逼，要董竹君资助温子研开设纽约舞厅。董竹君刚回国不但病重，还要在资金缺乏的情况下整顿锦江二店，她哪有钱资助他们办舞厅呢？无奈之下，董竹君唯有看在李嵩高的分上，卧病在床向朋友借钱资助他们开舞厅。

半年之后温子研办的舞厅倒闭，他写信给董竹君希望她能帮助他解决危机。董竹君一边让身患肺病的温子研在茶室养病，一边竭力帮助他解决债权危机，安顿一家大小。事情解决之后董竹君资助他安然回四川。然而此事并未完结，上海解放初期，刘伯吾竟然怂恿温子研的妻子把董竹君告上法院，罪名谋财害命。

当法院送来开庭日期的传票到锦江时，董竹君感到伤心、不解，而锦江的职工目睹董竹君对刘伯吾和温子研两人的照顾后，发现他们竟以恶报恩，全都一片愤恨哗然。开庭时，董竹君将温子研的绝命书和有关舞厅盘出、债权人分摊款子收据等签字的一大堆证据送交法院，最后上海高级人民法院批示此案证据属实，不许刘伯吾再上诉。

此事虽然已经了结，可扎在董竹君心里的刺始终难以消除。她未料到自己身边的人，竟然黑白颠倒，真是人心难测。

不久，上海市公安局以及市委决定把锦江作为招待中央首长、高级干部及外宾们的高级食宿场所。政府认为董竹君所创建的锦江二店闻名国内外，况且以董竹君在上海的名声和管理能力定能奉公办好这件事情。

董竹君接到上级指示之后，内心极其激动和自豪。当年她创办锦江二店，一则为了解决一家生活和孩子的教育发展，二则想为妇女树立楷模，为一些人提供就业机会，最重要的是她还想利用锦江作为保障，为革命事业服务。一路风风雨雨走过，也千帆过尽，孩子已经大学毕业出国留学，现在她所希望做的就是为了祖国的发展出一份力。

基于此，董竹君毅然决然地将这十六年来辛苦经营的锦江奉献给国家，她是心甘情愿的，她的孩子不需要继承她的财产，她也不需要锦江作为后半生保障。董竹君奉公把锦江迁到十三层楼扩充发展，随后她只带走郭沫若为她写的《沁园春》词一首，以及文房四宝一具。

可是锦江扩充一事并不顺利。当时锦江的员工不知道董竹君在做党交的任务，认为上海刚刚解放，市面的生意并不好，若是强行扩充将亏本倒闭。最后，在董竹君的苦劝之下，锦江总算是搬迁成功。搬迁成功之后，锦江二店改名为"锦江饭店"，其店徽仍为"竹叶"，扩充开业之后锦江开始它新的历史任务。

夏家出走的"娜拉"，历尽风风雨雨艰辛地创建了锦江，若不是董竹君一路不曾放弃地辛苦经营，也不会有锦江的发展。当年若不是董竹君勇闯上海滩，也不会有这辉煌的历史。不去做，就永远不知道是否能够成功！

锦江扩建的翌年初，锦江的员工带着十桌酒席到董竹君家里为其庆生，他们如此真诚亲切，已然明了锦江搬迁是董竹君奉公行的使命。可是在一切都看似完美的情况下，董竹君却开始被排挤。

锦江扩建的第二年秋天，本是锦江饭店创始人的她，该任首席董事长兼经理，却莫名其妙地被退到第二线改任董事长兼顾问。锦江扩建以来对董竹君所提出的经营管理建议总是阳奉阴违。董竹君原想向上级反映，可她一想到锦江今后有国家的大力支持，发展前途必然宏伟。故不计得失忍耐让步，在被周总理接见的时候，也未曾提起锦江对她排挤的事情。

董竹君的容忍与大度，并没有让锦江得到顺利发展。除了被排挤，他们还想要割断锦江的前身历史，把促进锦江发展的人的努力抹杀。锦江的发展历史是董竹君一生拼搏的见证，这是她的底线，绝不容忍任何人的抹杀。若没有1945年3月15日董竹君艰苦创建的"锦江"，也就不会有现在的"锦江饭店"。于是董竹君向中央有关部门如实地反映情况，但问题没有得到解决。

晚年迁北京

1953年春末，伴随着春晖，董竹君决定乘坐火车去北京探望年久不见的女儿国瑛。全国解放都好多年了，董竹君决定离开上海出去走走，去看看祖国的山河。她不想因为年老而停止步伐，多出去走走总是好的，或许还能收获另一片天地。

国瑛因为有工作在身，平时也比较忙，董竹君在家也感到无聊，就想去探望一下同在北京的杨虎。正好可以去杨虎家住上几天，老朋友相见也能聊聊天解解闷。

董竹君在杨虎家住了一个星期，却不料碰上了杨虎的妻子陶圣安要和杨虎闹离婚。陶圣安还年轻，自解放之后，她不满杨虎年老还失去职位，虽然待遇高，但这个年轻的女人想要去追求新生活，杨虎怎么都不愿离婚，这就是他们僵持的根源。

强拧的瓜不甜，谁不知这道理，可杨虎就是不愿自己年轻貌美的妻子跟他离婚。自董竹君来杨虎家做客，陶圣安就一直恳求她去说服杨虎，因为杨虎愿意听她的话。当年也是董竹君劝解杨虎对革命和解放上海多做贡献，且刚来他家时，董竹君建议他多看看《毛泽东选集》，其后每天上午他都会在走廊上很认真地阅读。陶圣安将这些事情都看在眼里，所以她极力去恳求董竹君帮她的忙。

董竹君觉得他们这样闹下去，日子也是没法过了，遂和王寄一同志一同商劝杨虎离婚。正如苏轼《蝶恋花·春景》词中的"枝上柳绵吹又少，天涯何处无芳草"一句，纵使怎般惜春，春也将离去，况且这天下的芳草也不止一株，还不如放手静候来年春归。既然陶圣安要开始新生活，杨虎也该再找一个适合自己的伴侣度过余生。

本以为，杨虎离婚之后，他会找到合适的对象好好过日子，陶圣安也会开始新的生活，可这一切都被陶圣安破坏了。他们离婚一年之后，居住在天津的陶圣安又再三请求要和杨虎复婚，董竹君怀疑陶圣安的动机，她所居住的天津曾被称为"小上海"，也是一个风云诡谲的地方，她担心陶圣安在天津陷入骗局。可是杨虎还是决然地和陶圣安复婚，即使当时他相亲快要成功了，即使董竹君写信劝诫他要小心为上。

　　不久，董竹君要去青岛疗养院疗养，再次去北京则住在女儿国璋家里，此时全国正开展肃反运动。就在国璋家董竹君接到了杨虎被捕的消息，董竹君所料不假，陶圣安竟然在和杨虎离婚之后，在天津和特务勾结，复婚之后误导杨虎进行叛变活动。

　　杨虎曾经的领导吴克坚再三劝服他不要做叛变的活动，甚至还请董竹君劝杨虎，可杨虎执迷不悟。他被捕之后，董竹君还劝他写检讨，可他还是不肯，最后在医院病故。

　　董竹君回想这一路和杨虎的交往，不禁陷入悲伤之中。当年锦江的发展，杨虎可算一个靠山一般的存在，后来他也多次帮董竹君的忙，而董竹君对他思想上的启发很大，若不是她劝他为革命效力，为上海的解放做贡献，他也不能在晚年享受好的待遇。在他们相交之中，彼此相互敬重算是难得的朋友。

　　那年秋天，初初解落三秋叶，但愿明年能开出二月花。董竹君决定去探望同在北京的女儿国瑛。此行一去，董竹君就决定定居北京。

　　董竹君在女儿家居住的那段时间，周总理派人请她和女儿一同去中南海花厅做客。周总理敬佩董竹君曾为都督夫人，却能为了将来的发展忍痛抛弃荣华独闯上海滩，更是为革命出生入死，着实不易。在当时的社会环境下，一个人革命固然不易，且一个女人革命则更加不易，可是她做到了，而且很是成功，这些都是别人敬佩她的原因。

董竹君：一首激扬的命运交响曲

那一天，董竹君和周总理夫妇一同就餐，随后听戏划船，期间他们谈及中国的发展。董竹君以高瞻远瞩的眼光提出，中国应该就着国内丰富的旅游资源开发旅游业。因为旅游是投入少、收入多的事业，若是办成了定然能够促进国家的经济发展。但当时刚刚解放不久，经济的发展还需细细规划。

董竹君很是感谢周总理一家的热情款待，遂把自己特地从上海带来的几件珍贵礼物送给周总理。周总理廉洁奉公，最后还是把这些礼物归公了。董竹君十分敬佩他一丝不苟的情操，以及为国为民的精神！

来北京探望女儿的那段日子，董竹君看到了北京与她以前看到的景象天差地别，她喜欢这个全国的政治文化中心，因此她决定定居北京。那时候，董竹君在上海所担任的职位并不妨碍她搬到北京居住，况且她的孩子陆续从上海转到了北京工作，这样她们也可以在生活或工作上相互照顾。

她没有料到刚搬到北京的那年春天，曾任上海招商局船长的陈天骏竟上门求助。董竹君和这位陈先生从前并无什么交情，只是陈天骏曾是锦江的客人，也是上海知名人士，后来他在任交通部远洋局总工程师时说错了话被划为右派，此后一家生活拮据至极，如今已是到了走投无路的地步，唯有前来求助董竹君。

陈天骏曾在中国共产党领导下带领着船员起义斗争，也曾得到周总理的书面表扬，如今他想摘掉右派的帽子，必须要勤劳工作改造自己，让居民委员会看到他的努力，之后董竹君再带着他的荣誉证书向上级反映。陈天骏采纳了董竹君的建议，此后吃苦耐劳，认真工作。

果然，一年之后，陈天骏恢复原职，一家生活有了保障，不单他高兴，董竹君也为能够帮助他做一点事情而高兴。虽说大家都是淡如水的交情，但为了那一点热血道义，董竹君愿意帮助他。

同样面临这般处境的还有锦江座上客黄警顽先生，他曾是上海商务印书馆的交际博士。在 30 年代董竹君生活拮据的时候，庄希泉曾托他介绍董竹君去南洋教书，虽然她当时因要创办群益纱管厂没去，但是她一直感谢黄警顽曾经愿意帮助她，如今他陷入生活的困境，她也愿意帮他渡过难关。

到底，黄警顽是一个可怜人，被戴上右派帽子之后，他一直没有收入。每年冬天的时候，他没有钱买煤，白天就去图书馆过冬。后来，董竹君帮他向中央统战部详细地反映了有关他在解放前后的情况，他的生活才有了保障，之后回到上海与家人团聚。

董竹君一直愿意帮助他人，并不是因为她的能力超群，而是因为有时候帮助一个人并不需要费多大功夫，更不会牵涉到身后的利益。有时候，帮助别人也是愉悦自己的一件事情。

物是人已非

在所有物是人已非的风景里，于董竹君来说，上海滩的十里洋场定然是她十分喜爱的。伴随着新中国成立初期开展的三大运动，上海滩也同国内其他地方一样把帝国主义、封建主义和官僚资本主义的势力基本肃清，此举不但巩固了新生政权还让经济得以持续健康地发展。

20世纪60年代中期，在那个夏木阴阴的时节，董竹君在北京突然接到来自上海的一封信，这封信也是她晚年转折点的见证。锦江饭店名厨刘青云的儿子刘忠海写信请董竹君回上海把曾经租下的房子退掉，不然群众会有意见。

人去楼已空，而有些人还没有房子住，董竹君为了免受批评，当即亲自购买车票回上海去退房子，顺便回去拜访老朋友。虽说她决定了定居在北京，可上海滩还是她怀念的地方，那里有她的回忆。她在上海滩遍尝了人生的喜怒哀乐，如今回去，也为了看看那熟悉的风景和书写人生的行藏。

董竹君到达上海之后，第一时间是去探望好友陈同生同志，他曾是上海市统战部部长，可如今已是年老一身病痛。他一出口就是一腔抑扬顿挫的四川话，脸带微笑话语幽默，知己好友相见霎时畅谈古今中外，若不是他被病痛困扰，还是一条铮铮好汉。

只是董竹君当时不知道，这是他们相见的最后一面。都说世事无常，人生难测，可即使能预知未来又怎样，知道生老病死也只是徒增烦恼。

虽说上海是董竹君的出生地，可自双亲走后，其他亲戚也是少了。此行回到上海除了看望一些老朋友，就是找市委谈退房子的事情。

最后，董竹君退了房子，只留下一间给看房人刘忠海一家大小居住，还有留下淮海西路一五二八号二楼一间一套的公寓作为以后回上海居住的备用。董竹君没有料到，当她准备搬到淮海西路的那天，好朋友郑素因告诉她上海已经变了，市面上皆是一片令人兴奋又带着几分迷茫的景象。

董竹君看到这些景象，有一种不安的思绪一直萦绕着，遂决定尽快迁入新居。不久，在北京的国瑛打电话告诉她，她在北京的家已经被破坏，得知这个消息后董竹君还乐观地认为，破坏了以后就不必再为保管它们而操心也是不幸中的一件幸事，然而她的乐观并没有让事态停止。

国瑛一直劝董竹君先不要回北京，可是她不知道，董竹君在上海的日子也不好过，不但家里面的东西被破坏，她的人身自由也被限制。暂得自由之后，董竹君连续去探望她的亲友们，希望大家团结一心相互扶持。

董竹君独自一人走在大街上，上海市的大街小巷满是大字报。市面秩序混乱，董竹君看到这个场景，回想起曾经的上海滩心中有一种缺失的感觉，她想离开，可是又能去哪里呢？国瑛一直嘱咐她暂时不要回北京，为了解决心中的疑虑，她决定北返！

1966 年 9 月，那时秋日胜春朝，董竹君想尽快买车票赶回北京，不料得到通知她不能离开上海。就这样她被限制在屋子内等待消息，她的一日三餐由看门的老大爷带来，有时候善良的邻居刘广桢亦会隔日给她偷偷地送些食物。董竹君被困家里的那段时间过着不平静又看似安闲的生活，终日看看报纸，并且为了不给亲友惹麻烦，她嘱咐表弟通知其他亲友不要来探望她。

她归心似箭，等待让她度日如年，无奈之下她唯有写信给上海统战部部长陈同生，请他帮助自己回京。然而那时陈同生在医院已经被监视，根本帮不了董竹君的忙。后来，她嘱咐国瑛帮她把曾经为国做过的贡献写一份材料交给上海市委，之后就是等候消息，可一等就是一个月。

后来，守门的大爷告诉她，监视的人已经撤走，她可放心离开上海。董竹君抓紧时间去拜别亲友。得闻董竹君要离开上海，她的二婶母怀着紧张而又悲伤的心情来看她。依依惜别之后董竹君赶到了火车站。

她回到北京时，正是草木繁盛、秋高气爽的好时节，若不是情况紧急，定是登高访古的好时候。

国瑛、大明和他的未婚妻贯嘉三人在拥挤的火车站迎接董竹君，亲人相见充满着劫后重生的喜悦与激动，可是他们不能表现出来，必须以最快的速度离开人群。来往行人脸上尽是紧张、恐惧，不见欢笑，也听不见哭声，恍若有一种严肃的气氛在震慑着他们。此次归来，与以前的景象全然不同，多少失落苦楚萦绕心头，却怎么也解不开。

董竹君一行到家之后，终于松了一口气。董竹君在电话中得知他们家里已经历了一番风雨摧残，可回到家才发现屋里屋外一切如常。原来董竹君的儿女为了不使她触景伤情，特地把屋子收拾好。其实，屋子破损如何都不重要，重要的是一家大小平平安安！

董竹君回到北京一段时间之后，整个人才慢慢开始平静下来，或许是因为有儿女在身旁，多了一份依靠，而不是独自在上海那般无助。一些小辈也来看望董竹君，并且跟她谈一些时事。

随着局势的不断变化，董竹君又陷入紧张当中，遂决定搬迁到儿子大明家住上一段时间。那日黄昏欲雨，大街小巷一片灰蒙，董竹君在三轮车内为了避免遇到什么麻烦，一直没有掀开车帘向外察看情况。就这样他们一路紧绷着心弦，到达大明家。

到大明家之后，董竹君整个人好像焕发了新的活力。那时大明的婚期将近，董竹君决定趁着这个机会帮大明装饰新屋。她坚信，人只要有希望就有动力。为了帮大明装饰屋子，董竹君每日不辞辛苦地与工匠一起努力，很快就把大明的屋子装饰得焕然一新。

大明结婚的时候，董竹君冒险上街去帮他买鲜花。虽然婚礼简单，到场的只有双方家属和一些亲友，但气氛还是不错。就如同当年董竹君和夏之时在上海举办文明婚礼那样，虽然简单，但是男女双方恩爱有加。

是年夏日炎炎，董竹君见大家陷入沉闷之中，于是邀请大家去颐和园游泳，一解炎热。那日董竹君和大明乘船来到昆明湖中，她纵身下湖，如同鱼儿般畅游。她仰头看着蓝天白云，恍若在水中畅游的时候，所有的烦恼不顺都能够远离她。碧波倜傥，连着人的心情都是舒适自由的。

这一年，董竹君六十七岁，走过许多的路，看过许多地方的风景，直到物是人已非，她还是坚定前进的步伐！

仓皇半生囚

又到一年深秋，夏日的热气已然消散，也带着人事的变化，料峭的秋寒让人精神抖擞。趁着这个时节，喝上几杯温酒，让身体从凉到温，夕阳西下几时回，等待总让时日漫长，董竹君所等待的好时节还不见分晓。

1967 年 10 月的一天，董竹君平日在家里，有时候独自一人品茶看书，有时候又会和保姆一起搞搞卫生，日子过得看似平静，但是她的内心充满着不安。有人对她说，现在时局不安，连全国政协委员秦德君也被捕入狱；还有人疑惑董竹君为何还一派怡然自得的神情，其实她只是随遇而安罢了。

不久，董竹君心中不安的事情终于爆发了。那日她在家里面与保姆一同搞卫生，她的女儿国瑛在做晚餐，有一个不速之客前来调查董竹君的一些事情。董竹君见他是全国政协的人，遂耐心听他的提问。无非是关于杨虎夫妇和秦德君三人与她的关系等一些问题，董竹君把自己知道的事情都告诉了他。不料董竹君却陷入阴谋之中，在穿着单薄的居家服的日子里就被带走了。

国瑛在后面含泪看着她被带走，在董竹君背后嘱咐着，要相信群众，相信党。她们当时都没有想到，此次母女一别竟五年之久！

董竹君被带走的时候，心情平静，理智不允许她崩溃，因为她问心无愧！在押送监狱的路上，董竹君什么都没有想，只觉得今年的深秋特别寒冷，加之出来的时候衣着单薄，一阵阵寒气灌入身体，透骨生凉。

她边走边观察着这肃静的监狱大楼，进去之后，才发现解放之后果然有了文明的监狱。只是她没有想到，她竟然亲自去体验了，真是让人啼笑皆非。

监狱的伙食，即使是萝卜咸菜，糙米饭白粥，若是没有其他事情的困扰，她也觉得很满足了。只是天不遂人愿，董竹君入狱时已是年老体弱之时，为了保重身体，她每日都会坚持活动筋骨，有时候腰酸背痛唯有多跑厕所活动一下。

11 月末深秋时节，董竹君被投入监狱之后，紧接着就是接二连三的审讯。审讯的内容首先就是董竹君从小到大的经历，可她已年过花甲，即使记忆非常好，那几十年的事情岂是一时半刻可以讲完？

提审的人重点提问董竹君与杨虎夫妇、杜月笙，还有上海青红帮的关系，甚至还提到董竹君为何离婚的原因以及去菲律宾等问题。这些事情，董竹君早已经一一写入资料，无奈没有人相信。

　　她和杨虎夫妇本有亲家关系，后来她在上海创办了锦江二店，他们是店内常客，杨虎夫人田淑君还投资锦江茶室，然而他们和董竹君的政治立场并不同，可也无实际的冲突。至于杜月笙，他闯荡上海滩不但出入黑白两道，还游刃于商界、军界与政界，他与董竹君的关系可以是顾客与店家的关系，也可以是商界合作者的关系，除此之外别无关系。当年锦江的第一次扩建得益于杜月笙的热情帮助，而作为报答，董竹君只是让他在锦江随时拥有好座位罢了。至于青红帮之类的，董竹君在上海的时候从来不参加这些帮派组织。

　　1939 年，董竹君与夏之时在上海离婚，离婚的原因又怎能说得清，可以是孩子的教育问题，也说是他们在思想上不统一，最为简单与切中要害的或许就是他们无爱了！离婚之后，董竹君带着一家老小闯荡上海滩，刚开始以典当过日，之后为了维持生计，她与亲戚创办纱管厂，后去菲律宾招商引资。后来历经战乱，双亲病故，工厂也倒闭，真是到了走投无路的地步。幸得恩人李嵩高的帮助，她才有资本创办锦江饭店，之后她以锦江为依托，让孩子的教育得到发展，也为革命事业做一些实事。再后来，为躲避战乱，她逃亡菲律宾，这些都是她生命中最为重要的事情。作为一个母亲，她对孩子负责了；单单作为一个人，她树立了自己独立的人格，不依附，不堕落。

　　此后每日，她都是叙述经历或回答问题，日子一晃而过，她归心似箭，昏黄的灯光下是她奋笔疾书的身影，寂寥而无声。号子里面没什么光线，她有时候会看着门上的小洞透进来的缕缕光圈，恍惚地想起那年的月光，皎洁而无瑕。其中最触动她的，是她十五岁从堂子逃出来时看见的月光，明亮而生动；再者，她又想起与夏之时在日本生活时的异国明月，温馨而皎洁；再后来，她见过许许多多阴晴圆缺的月亮，皆不如那般动人心弦！

当董竹君惊喜地以为她要被无罪释放的时候，审讯的情况骤变，一句"坦白从宽、抗拒从严"让她再次回到号房去思过。看着紧闭的号门，她思得不是过，而是自己虚弱的身体和着急无奈的孩子们。董竹君不是没有见过大风大浪的人，她有她的坚韧，她的信念。人不过沧海一瓢，若如沧海桑田作比，人的寿命不过蜉蝣那般短暂，可在不该灭亡的时候，要坚强起来，不向困境低头，才能扼住逆流，渡过难关！

在监狱之中，并非全无温情。每日董竹君被叫去提审时，回来时早已经过了用餐时间，幸好年轻的巡逻警帮她把门外地上放着的饭菜拿进号房还嘱咐她趁热吃。董竹君虽然历尽人间冷暖，可在这一刻，就算是他人一点点的关怀都让她感动得潸然泪下。

后来，董竹君不用再被提审了，而是被送去其他号子与其他犯人同住。她还记得，她走进新号子的时候，有个女犯人热情地帮她铺床，此后更是相互帮助。小小的号子里，董竹君和其他三名女犯人常常一人放哨，其他几个就坐在一起小声地聊天或谈论国事。入冬之后，董竹君的身体愈发不好，加上衣着单薄，同号子的一个女犯人热心地借衣服给她穿。这些对于董竹君来说，当真是雪中送炭，此情此意，永世不忘！

第二年二月下旬，监狱的冬天更是冰冷难熬。随后，董竹君被转移到另一座监狱。这里的气氛更加严肃，董竹君衣被单薄地在这里生活，昼夜寒气逼人，她知道若是长期下去，她将会病倒。为了保重身体，她每日都绕着墙边跑步，借助跑步锻炼可以起到抵抗寒冷的作用。那段日子虽然很艰辛难熬，可她还是咬紧牙关坚持下去。

彻夜寒冷难耐，昏暗的号子，或许外面正在下雨。董竹君躺着双眼看向那扇门，如今上海已是冬雨连绵，或许雪花翻飞，只一夜就落尽冬意。花甲之年，辗转也走过路千里，如今不听江船夜雨，也不听笛音奏那千山月。昔日朱颜，如今灯下华发染尘，寻思梦中，辞家多少里，天涯无垠，愁绪又几许？灯火灭，瘦尽年华又一夕。

终日在号子中生活，不但身体受到折磨，精神也面临着崩溃。董竹君除了靠运动保重身体之外，还在想办法让自己的精神感到充实。她常常想起曾经，曾经她的外表有着青莲般的清雅脱俗之美，可是她知道自己从来就不是莲，是竹子、是腊梅，坚韧而耿直。一低头是人间美，可是再抬头之后她要面对着胭脂味，纵然尘世烦累，日子天天催人老，可她从来不泯灭心中的信念。

监狱那些年

后来，董竹君被送去"半步侨"监狱生活了四年，这四年间她历经了几载春寒冬冷，又感受了人世的几番喜怒哀乐，她始终坚信，所有的阴暗都将被光明打败，晓光就在我们坚守中破霭而来。她是时代的守望者，也是一个特立独行的人！

董竹君刚被调到半步侨监狱的时候，身上只穿着离家时穿的薄衣衫，排着队伍一个个紧随着接受点名审查。那个情景，她曾经见过，就是苏联电影《伏尔加河船夫曲》里面人被俘虏接受检查的情景，如今想来，感慨万千！

进入新牢房之后，对她的监管也比较宽松，对于董竹君来说，幸好新的号子有暖气设备，不然她这副老骨头可难熬了。在那个时候，董竹君一行允许每个月填写单子向家里要一些生活用品，而她也收到了一个简单的衣物和一些钱，虽然东西不多却也心满意足。

可惜不久，正值 1969 年 12 月草木凋零之际，寒气逐渐逼人，董竹君却被调换到另一间没有暖气设备的号房。在频繁调换号房时，董竹君也迎来了七十岁生日。

1970 年年初，董竹君就在号子里面度过了极其有纪念意义的七十岁生日。恰好年夜饭期间，监狱的伙食比较好，号房里面的难友为她过生日。此时此刻她最是怀念的还是她的几个孩子，他们如今可还好？他们不知道她的情况，而她也不知道他们的情况，即使是心灵相通也难免辛酸苦楚。

感慨之余她提笔写道：辰逢七十古来稀，深陷囹圄不畏寒。可遗憾的，"最是人间留不住，朱颜辞镜花辞树"。

虽然董竹君已是古稀之年，可在狱中她还是和难友一同学习劳动。有时候她们要在寒冬拆洗衣服，难友好心劝她不要洗，这让她十分感动，可不干活咋行呢？董竹君的难友或豪放、或热情、或富有朝气，在这段日子里，董竹君与性格各异的难友相处友好，在生活上也多得她们关照。

冬天是董竹君最害怕的时节，每到这个时候她总免不了被严寒折磨。好心的难友见她年纪大，就给她借棉裤，并想办法拿到棉花帮她把棉裤加厚。她们是那么的热诚，董竹君除了久久不忘这恩情外，再也无法回报些什么。

在监狱生活的那些年，许多次，她的难友都以为她就快死了，可她还是坚强地活下来。董竹君能长寿的秘密，并不全是靠着坚强的意志，而是有其他因素支撑着她的生命。她不但在入狱之前注重身体健康，入狱之后为了驱寒，她每日都坚持绕着墙跑步，并且保持乐观的态度，这些都是她生命得以长存的原因。

1971 年 10 月中旬，董竹君迎来了她人生中的一个重大转折点。那时正是秋高气爽的好时节，令狱中人意想不到的是，一番新气象悄然而来，他们不再见满楼的标语，也不用再背语录。这么一来，他们的心中忽然乱了，这到底是好事还是坏事，无个定准。

在平常集体学习、劳动的日子，轮到董竹君洗澡的时候，她的腿竟然生了病，站着难以迈开步伐，幸得难友挽扶着去洗了澡，可回来的时候却站不起来。瞬时，她惊慌，可难友安慰她这是自然现象，毕竟她已经在狱中生活了五年。最后，回到号子，难友把董竹君的情况报告给队长听，她这才得到了治疗。

有些难友看见董竹君每日得到医生的治疗，以为她快要被释放了，不然又怎会得到医治呢？董竹君听到她们的议论，一面是惊疑，一面又是喜不自禁。

有一天，董竹君被叫去拍照和按手印，当时董竹君以为这是在惩罚犯人，遂怒不可遏。可这么多年的艰辛苦楚都熬过了，还有什么大风大浪不能忍受的呢？

幼时，她家境贫苦，为了救助家人，她懵懂入堂子卖唱。年轻时以为遇到良人得一生幸福，未料到了中年还是得依靠自己一人带着一家大小勇闯上海滩。这些年荣华抛却，不就为了心中信念，她不但爱家，亦爱国，为此她甘愿以练达的心胸面对一切，不断前进。

又是一年新绿爬满枝桠，晚风托起一弯月牙，远处的潮声早已作罢，沉睡了十里人家。新的一年，黄土深藏了几番冬夏，董竹君时常想起曾经几乎遗忘的话，记忆中家人的欢声笑语越来越近，她在病痛中挣扎，守望着这漫长而暗哑的时光。

1972 年 10 月中旬，监狱队长神秘地带董竹君去了一座新修的平房，并且告诉她一个惊喜万分的消息，她要见家人了。董竹君坐在那里，悲喜交集，一时不知以怎样的心情迎接下一刻。

一个历经患难的家庭再度相聚时，竟是合不上嘴地诉说着彼此的情况，那一声声带着急切又激动的话语令人动容。与女儿国瑛她们见面后，董竹君一时喜笑颜开，一时又感慨泪流，最后强忍着不舍再次依依惜别。

董竹君回到号子之后，犹疑在梦中，直到听见难友的贺喜才慢慢平静自己的心情。不到半个月，董竹君就被安排监外医疗，她惊喜交加，带着自己的衣物走出那道铁门。

她的亲人就在胡同口静静地等候着她，一个个一拥而上抱着她，悲喜交加。五年来的音讯全无，现在彼此就在眼前，看得见，拥得着，怎不令人动容。

董竹君回家的当天晚上，她的孩子为她做了很多菜，其中有黄鱼头，本来知道自己不能吃这个，可经过狱中的艰苦生活，觉得把它丢弃很浪费。这一路来，真的太艰难曲折了，董竹君所经历的一切，并不是伤悲的代言，而是不屈的见证。

董竹君此次被放回家是例行监外治疗，并非正式释放。当年她被拘留是因为涉及特务的嫌疑问题，五年之后她被安排回家进行监外医疗。后来，经过反复的核查，董竹君被除去特务嫌疑，于1973年被无罪释放。

紧接着，她被恢复全国委员的身份，以及恢复昔日的名誉和工资待遇，消除一切牵连影响。董竹君自开办锦江之后，一直都在为国家革命事业做贡献，历史的公正宽慰了她的心。

　　董竹君在晚年历经磨难，却从不言弃。她有着坚韧的品格，在任何困境之中，她最难得的心态就是敢于去面对，并且泰然处之。怨言对于解决困境毫无帮助，这是她很小的时候就明白的事情。若是世事洞明皆学问，那么董竹君懂得的就是"自强不息，随遇而安"，在人生之中，多少的艰难险阻，若不是有着随遇而安的心态去管理好自己的心态，做到得而不喜，失而不忧，又哪能平静下来想办法去解决人生的坎坷与磨难呢？

　　又是一年新绿爬满枝桠，初雪染白了她的眉发，可那久违的笑颜依旧无暇。步行过久违的街头巷尾的风景，有儿女撑着伞花遮头，或雨或晴时候，竹篱花消瘦，也谢了记载春冬事休。

第九章

亦悲亦喜一世长

情牵家国义

当天地动荡国家有难时，不单单是国家的将士甘愿百战抗敌，就连那些能令几人或十几人起死回生的医生也暗恨一身医术不能救得千千万万的国民。身为中国人，为了国家的富强又怎能独善其身，就如董竹君这样的女人，亦不能失了巾帼气概。即使是出家人，在国家面前，也做不到四大皆空，心外无物，所以关心国事是人之常情。

20 世纪 70 年代初，当时董竹君还在"半步侨"监狱里面生活，在报纸上，她看见了一条激动人心与自豪无比的消息，那就是中国恢复了联合国的合法席位，这怎么不令人热泪盈眶呢？等这一刻，中国人等了多久，期间又经历了多少的劫难。

国弱被欺，那一场场战争让多少无辜的将士流血牺牲，唯有国强才能反抗剥夺和欺辱。如今中国恢复了联合国的合法席位，在政坛的地位提高了，其他方面也会跟着发展起来，怎能不自豪呢。

然而，忧喜参半，中国恢复联合国的合法席位之后的翌年年初，陈毅大将军遗憾地逝世了。国难方知良将，乱世出忠臣，他的耿介忠诚，于千千万万的中国儿女来说，是国幸，是家福。

董竹君失声恸哭，中国的解放来之不易，都是一个个如陈毅那般用热血与智慧换来的胜利，如今自己身在监狱，唯有凭窗哭悼。

不久之后，随着局势的变化，董竹君离开了"半步侨"监狱回到家中养病。回家之后，她看着历经沧桑的一切，心中感慨万分。她进监狱之后，在北京电影制片厂任编导的女儿国瑛和在北京石油部工作的儿媳杭贯嘉亦受到了审查。家中只有外孙女小琪和保姆及其儿子彬彬三人。

董竹君回到家养病的第二年，接到儿子大明病重的消息，董竹君心惊之下当即决定和国瑛乘坐飞机赶到重庆去了解大明的情况。董竹君一行抵达重庆机场时，日已近黄昏，看着大明病重卧倒在宿舍病床那一刻，董竹君决定在还没有请到假的情况下将大明接回北京医治。

幸好董竹君和国瑛果断地接大明去北京就医，若是再拖下去，他的性命或许不保。一个历经磨难的家庭，好不容易才聚在一起，若是在这个时候少了谁，都是彼此心底的缺！

是年五月，董竹君恢复原职之后，积极参与全国政协组织的学习。当时董竹君刚出狱，身体尚未康复，加之年老体衰做起事情来往往比较吃力，可她还是一如既往地努力完成任务。

春种冬藏，几载夏秋雨打荷叶盛转衰，董竹君决定参加全国政协组织的学习之后，风雨无阻地按时去听课学习，并且在课上积极发言。有时候董竹君为了写发言稿往往深夜未眠，这股干劲让她的儿女很是担忧。

那时候，和她一般风雨无阻地去听课的不只她一个，例如还有直率的梁漱溟。在同组学习的人中，董竹君觉得梁漱溟很是有趣，虽然他从来都不缺席，可他也从来都不发言，而是低着头打瞌睡。即使当时有人点名请他发言，他也就简单几句后坐下来继续打瞌睡，且对于他人的各种问题从不回应，他真是雨打风吹瞌睡不止，真真有趣！

20世纪70年代中期，董竹君以她练达的处世之道为中美的和平发展做出了力所能及的贡献。虽然她没有把此事上报国家，仍希望中国人能时刻谨记和平发展的重要性，并且以自己之力促进国家在和平的环境之下迅速发展强大。

1975年春，美国和平战士斯蒂芬爱伦及其夫人珍尼·墨朵以经商的名义取得签证随国琇来中国观光。斯蒂芬爱伦既是美国的艺术家，更是社会活动家。他曾经在第二次世界大战和反越南战争的时候积极组织社会活动反对战争，且不单他是和平主义者，他的夫人和老岳母也是勇敢的和平主义者。

斯蒂芬爱伦在美国的时候就一直关注研究中国的发展情况，积极搜集有关中国情况的书籍。可他此行来中国观光，或许是基于"知行"或许是想"行知"，无论是哪个原因，他和他的夫人终是踏入中国的国土，闻着中国的风气，当时就随着国琇住在北京饭店。

他来到中国之后，除美国驻华联络处布什，即前美国总统热情招待他们夫妇之外，还有董竹君和国琇陪同，因为斯蒂芬爱伦夫妇是以经商的名义前来，中国政府方面一时没有注意到，因此并没有为他设宴款待。

后来发生了一件令斯蒂芬爱伦夫妇难堪的事情。当时在介绍中国近况的学习组的一个组员发现了斯蒂芬爱伦的身份，于是热情地带他去听中国国际旅行社主办的学习组。却不料他们被拦在门口，不清楚情况的旅行社工作人员无礼地不让他们进去，这样就造成了一场误会。

董竹君得知这个消息之后，试图以她全国政协委员和国琇母亲的身份去挽回这位美国和平战士对中国的看法，并且想让他为中美和平做一些宣传。于是，董竹君一方面让国瑛去联系中国国际旅行社，并让旅行社邀请斯蒂芬爱伦在离开中国之前去旅行观光，另一方面以她的名义为他们设宴饯别。

　　布置好一切之后，董竹君请求国画大师李苦禅画了一幅
画，准备送给斯蒂芬爱伦夫妇。这幅画画的是一窝小鸟向太
阳光处飞去，寓意为向往和平与光明。出来送画时，董竹君
还打算送给他们一根雕刻着龙头的拐杖和一块手织台布。

　　当斯蒂芬爱伦的夫人看见国琇带着董竹君去见他们的时
候，她开心地觉得董竹君很像她的母亲。在谈话中，董竹君
得知都很爱他们那位九十岁了还积极参加和平游行活动的母
亲，遂决定把拐杖送给那位老人。转而董竹君把台布送给他
的夫人墨朵，而那幅象征着和平与光明的画则送给他们夫妇
二人留作纪念。

　　很显然，斯蒂芬爱伦夫妇很喜欢她的礼物，而董竹君爱
好和平的心令他们感动。斯蒂芬爱伦夫妇在临走之前，曾问
董竹君，希望他回美国之后为中国做一些什么？当时董竹君
唯愿他们回去之后，能多为中美人民的友好工作以及世界和
平事业做贡献。

　　果然，斯蒂芬爱伦夫妇在同年 7 月再度来北京进行第二次
访问，并带着他的长子前来为中国写书，在书中，他将让世
界更加了解今日的中国，为中国的发展铺路。董竹君以她的
机智与练达为中国的发展做了一些事情。可见，事无大小重
在践行。

　　董竹君在身体尚未康复的时候，还忧心国事，虽然她知
道以自己一人之力为国做事是有限的，可她知道勿以善小而
不为的道理，总是希望自己能够为国家强大和平发展做一些

事情。千里之行始于足下，若不迈开步伐去走，又怎么知道
没有用呢。

历尽悲与喜

一个捍卫国土的子民是怎么的？是腰间插枪策马临风，
率领士兵征战八方，还是逐鹿城乡以身卫国？到最终不问时
代不问英雄，家国有难则再与共峥嵘。身先士卒为解放，夙
愿化枪乘风破围墙，而那些曾经为国家出生入死的将士，却
在岁月中老死。长歌当哭，临风看月不改波涛汹涌。国土固
守，却不见军魂绕西风。更叹，千古英雄，此生无言而终，
可我们终是相信，魂魄不灭，历史也不能让这风骨湮没。

1976 年 1 月 8 日上午，董竹君从收音机中得知周恩来总
理逝世的消息，瞬时头晕欲裂，眼泪不止地滑落，她知道哭
是没有用的。小时候她因为贫穷困苦哭过，后来她为深陷堂
子命运无奈哭过，也因与丈夫二心不同而哭过，在她创业艰
难两面受困的时候，她强忍着泪水把苦难一一化解。只是这
一次，她悲痛万分，比她在监狱五年还要悲痛，因为那时候
她还有坚定的信念，而此时她是失去了一个最为敬爱的人，
是为千千万万中国人失去伟大的周总理而悲恸。

董竹君在周总理逝世之后和她的孩子们在客厅设灵堂，
每日祭奠三次，挽联写着："敬爱的周总理永垂不朽！"

不但董竹君一家在为周总理的逝世而悲恸，就连万水千

山都在哀悼！

送走周总理的那天晚上，从文化宫到八宝山，街道两旁皆是送行的人，无论男女老少，是啜泣，是肃穆！夜未央，天安门广场的英雄纪念碑满是手捧鲜花哀悼的人。他们在追思周总理的伟绩，与此同时他们还忧心国家的发展。

董竹君和儿女们也到英雄纪念碑前送花圈，看着花圈、花篮和挽联挂满柏树墙，庄严而肃穆，让人不由得鞠躬默哀。

这一年天灾人祸惊天动地，即使在苦难之中也要相信曙光将破霭而来。这一年不但周总理告别中国人民，在同年7月6日，人民解放军总司令朱德元帅逝世，同年9月9日，中国伟大领袖毛主席逝世。噩耗传来，悲恨交加，可也就在这一年，曙光降临。

周总理逝世后，北京市不约而同地组织了悼念周总理的活动。人民前赴后继地走去人民英雄纪念碑悼念周总理。也在这一天，"四人帮"试图以暴力阻止这场悼念活动，可"四人帮"越是阻止，人民越是无畏地去送花圈，群众并没有因为恶势力的阻挡而停止前进的步伐。

董竹君相信水满则溢，盛极必衰，恶势力永远不可能胜过正义。同年10月初，董竹君一家从朋友处接到粉碎"四人帮"的消息。那一刻，他们觉得全国恍若换了新空气那般清爽，感觉到处都是希望。

那一天，董竹君一家和中国千千万万人一样，齐聚一堂畅饮畅谈。等这一天等了那么多年，如今盼来了又怎能不高兴呢？

10 月21 日，董竹君接到全国政协要她参加庆祝粉碎"四人帮"的大游行。当时董竹君身体尚未康复，大家都劝她在家安心休养身体，可是在这个特别的日子，若她错过了，或许会终生遗憾。

董竹君也了解自己的身体状况，几番思量之下，她让国瑛陪着她一同去游行，并请吴占一同志推着自行车一起去，若是她走不动了，还可以坐上自行车继续游行。

游行的队伍如排山倒海般壮观，国瑛扶着董竹君与大队伍会合，彼此虽然不相识，可是他们的眼神是那般友善。人和红旗满街，红得那般温暖而舒适，那气氛是那般欢腾，他们都知道，黑暗终将离去，光明就在人们的期望中被点亮。

后来，十一届三中全会成功举办，提出了各项英明的政策路线，董竹君知道改革开放将成为中国历史上极具历史意义和现实意义的一项政策。中国领导人将克服一切艰难险阻，为中国人开创幸福的道路。

20 世纪70 年代末，董竹君在历经劫难之后，再次回到生养她的上海滩。董竹君生于上海，事业的发展也在上海，上海承载了她大半生的记忆。

年少的她，在上海过着贫苦的生活，甚至为了孝心去堂子卖艺；随后上海的繁华给了她卖艺生存的场所，而她也是在上海遇见了她的丈夫夏之时。她就是从上海去日本，再从日本回到了上海，上海这个地方风云诡谲，却也是一个极富希望的地方。董竹君与夏之时离婚之后，带着一家大小到上海滩闯荡，在这里，她曾创业失败失去双亲，却也创立了辉煌的锦江二店，也曾让孩子的教育得到发展，更为革命事业做出了贡献！

上海的人事风景，都是董竹君不能忘却的。在那个夏木阴阴、碧荷连天的夏季，她回到了上海锦江饭店。在回到锦江的那段日子，董竹君的朋友和锦江在职或退休的员工都来看望她。

欢聚一堂，共同回忆那些风风雨雨。董竹君此次回到上海，不由得回忆起过往，时光悠悠，当年的戏台上又是谁在唱一曲盈盈故乡，在这里她掌握了自己命运的方向，成全了自由飞翔的人生，在他人眼里是传说，对自己来说永远没有足够的时间去前进，唯有不因被曲解而改变初衷，不因冷落而怀疑信念，亦不因年迈而放慢脚步。

董竹君从上海回到北京之后，特地写了一首诗寄送到锦江办公室，以此寄托她对锦江的怀念与展望。

在诗中，董竹君赞扬了锦江员工众志成城地在战乱烽火中同舟共济辛苦经营锦江二店，这四十余年来，锦江虽然历经了风风雨雨，可他们始终团结一心携手共创锦江的辉煌。

岁月又几载，梦里不知年华限。上海滩潮来潮往，海上浪花如雪，几轮春光却埋葬了朱颜。即使再回望，董竹君从未辜负自己的年华，浮生不错停歇半刻，这也是她能够掌握命运的原因。

红尘越来越远，有朝一日，她还是踏步而来，花开十里思故乡，不忘友谊，不忘那上海滩的十里洋场。

怀旧与展望

春红化了白雪，十年一须臾，这一花一世界，一木一浮生，当一个人走到晚年时，拈花回首，也堪笑一方一净土。时过境迁，对于董竹君来说，天涯路远，再也没有什么比儿女欢聚一堂更愉快的事情了。

20 世纪 80 年代初，董竹君在十一届三中全会召开之后，决定飞往洛杉矶去探望在美国生活的家人。她做过很好的事情或许就是全面支持儿女的教育，让他们学到知识报效国家。

第二次世界大战期间，董竹君和国琼、国琇在菲律宾避难，后来董竹君先逃回上海管理锦江，她的两个女儿则在战争结束之后回到上海。

当年在四川的时候，董竹君带着四个女儿来到上海是想让孩子上完高中，后来她们上了高中之后，她又不满足地想孩子读完大学，且当时锦江的发展走上正轨，为孩子的教育发展提供了条件。可后来，孩子们读完了大学她们自己想继续深造。

就这样，国琼和国琇回到上海的次年就赴美国留学深造。而国瑛则在国内大学肄业之后，经中央批准和在上海圣约翰大学毕业的国璋相继去美国留学。如此，董竹君的四个女儿展翅飞往美国了，独留她一个人在上海。

直到全国刚刚解放之初，国瑛率先冒险回到中国。她回国是为了国家的教育，因此她决定发展国家的科教电影。回国之后，她创办教育电影制片厂，经多方奔走，后又写好计划上交给周总理。得到批准之后，国瑛在总政文化部的领导下担任副秘书长，努力两年之后才建成了解放军教育电影制片厂。

董竹君把国瑛的辛苦都看在眼里，这么多年来，她参加过抗日战争，在革命的道路上做出过贡献。最为难得的或许就是国瑛在工作上秉持着她一贯的积极认真，这是董竹君最为欣赏的。

国琼在美国留学期间，在音乐上多有造诣，在解放战争期间，她一直希望回国效力，为此她曾拒绝公司邀请的到世界巡回演出、名扬四海的机会。直到20世纪50年代初，国琼与美国留学生罗维东结婚，在国琼即将分娩的时候，夫妇二人不愿孩子入美国国籍就想方设法回到祖国，当时周总理得知此事就帮助他们返回上海。

而国璋在美国由西洋文学系转学图书馆学系，后来她也冒险回到上海。

只有国琇在美国未回，一直和丈夫侨居美国。

那个时候，董竹君和一家三代人团聚在上海复兴西路的公寓。日子虽然过得苦，可是她们为了新中国的建设发展都积极认真地工作。那段日子是董竹君时刻魂梦牵绕的，那是属于一个家庭的欢乐。

1981年年初，董竹君到达美国之后，外孙琪琪来到机场为她接机。到达饭店之后，她的孩子一个个隆重地为她接风洗尘，齐聚一室怎不热闹。

几十年前，董竹君或许没有料到三代齐聚一堂的情景。当年在上海滩的时候，她的父母因为贫困不能把所生的孩子养育下来，如今她能够尽自己的全力把孩子一一抚养下来，不仅是时代的变化，也是她自强负责的体现。既然把孩子生下来，那么作为孩子的父母无论受尽多少苦难都要让孩子存活下来。若说自己首先是一个人之后才是一个母亲的话，也不能因一己之私弃之不顾！

董竹君到美国之后正逢国琼生日，董竹君带头买好礼物为她祝寿，其他人除了备礼物之外还要各自做一道自己擅长的菜为国琼庆祝。那天晚上，一家人感动泪流，那也是国琼这么多年来最为开心幸福的日子。

或许国琼是最像董竹君的一个人，这些年她也是受尽各种苦与痛。年幼的时候，她被重男轻女的父亲冷漠对待，心灵深受重创。当董竹君带着一家大小回到上海滩发展时，深明大义的她在上学期间和董竹君一同上街示威抗日，更是在董竹君被捕入狱时，她去教人钢琴赚钱养活家人。这些年来，她受到多少的委屈都是独自咽下，就如当年在菲律宾参见慰问团演出时，惨遭诬陷，她也未曾求助他人，宁愿自己半工半读也要洗净冤屈。

第九章 亦悲亦喜一世长

　　国琼有着自强不息的精神，还有着高超的音乐才能，可命运却让她历尽劫难，磨砺身心。国琼和她的母亲一样，历经了失败的婚姻，幸好也和她母亲一样最终走出阴影，过好新生活。有时候，婚姻的失败并不是一个女人的全部，她还有她的事业，她的坚持与信念，还有许许多多的东西。

　　国琼生日不久之后就到董竹君生日，当时她决定在国璋家过生日。生日宴会最有意义的或许就是家人齐聚，闲话家常，共饮年华酿制的这杯酒，一声长寿，再加一份安康，便是最好的祝福。多年之后，董竹君回忆起那日的快乐，都倍感欣慰。

　　董竹君曾经说过，"爱"应该是公平的。她所说的"爱"不是封建的那种偏爱，她知道家庭的"爱"对孩子的影响极其大。若是一个家庭对孩子的"爱"不公平是对孩子的最大伤害，若是孩子对自己的父母是恐惧、是怨恨，那么他们长大之后要如何对待自己的父母？孝，也并非是长辈对下一辈理所当然的索取，所谓的仁义道德是相互的，而不是等级与差别。董竹君早就看透了这纲常伦理，她对孩子的爱从来都是平等的，后来她的孩子也一个个都敬重爱戴她！

　　在美国探亲期间，董竹君到她的女儿家里轮流吃住，共享天伦之乐。每到一家，她的孩子都会从工作中抽出时间陪她外出拜访亲朋好友，参观当地的名胜古迹。董竹君在女儿和孙儿的陪伴下，在美国度过了愉快的一段日子。他们无微不至的照顾，是董竹君的最大收获。

这一年，董竹君已年逾八十，为了与亲人团聚她远渡重洋共享天伦。转眼那么多年过去，她的儿女已经成家立业，她也是儿孙满堂。恍惚之间，远望那异国他乡的明月，如今韶华尽付，与往事已经是咫尺天涯。若回首那独闯上海滩的繁华，只不过是昙花一现，留下的唯有后世的传奇。

沧桑过尽，如今她一生的牵挂或许就是她的亲人，有他们在，她的人生才如画！

为母的幸福

煮茶温酒听书，世事悲欢有几壶且能入腹。看人来人往，风物沉浮让人哭笑不得。人在路上，争荣辱，分输赢到最终不过是一团糊涂账。不如心随野鹭，将人寄予风月，寻处山水闲住，命途也自有缘故。然而，董竹君的观念并非如此，人的一生若不争荣辱，不分输赢，又怎能一路前进呢？她认为命运始终掌握在自己手中，那山水风月只不过是陪衬罢了！

她或许认为，她一生之中做得最对的一件事情就是坚决地带着孩子离开那闭塞的地方，远离封建的阻碍，即使再苦也让孩子的教育得到发展。而她的孩子也没有让她失望，各个名扬各界，为中国的发展做贡献。董竹君不求回报，看着孩子得到发展就是她作为一个母亲最大的幸福！

一如董竹君对国琼的培养，国琼能够成为一个伟大的音乐家，除了个人的天赋和主观努力之外，也少不了董竹君对她的栽培与支持。在四川老家的时候，夏之时因为重男轻女的原因不支持国琼学钢琴，因为学钢琴要花费巨大的财力和精力，这是他作为一个父亲也不允许的事情。可董竹君力排众议，坚决给国琼买钢琴和请家庭音乐教师，并为了培养国琼付出了极大的精力。

　　国琼在四川的家庭教师有两个，分别是张景卿女教师和陶又点男教师。陶老师认为国琼具有极高的音乐天赋，日后必成大器，然而他又认为小孩子练琴宜在半夜，因为孩子白天不能静下心来。往后，董竹君每日半夜三点左右就叫醒国琼，由她亲自带着她起床练琴，并且为了培养她的节奏感，董竹君督促她自己拍板。虽然那段日子很苦，可国琼一路坚定地走了过来，钢琴练得愈发进步。

　　后来，董竹君与夏之时在关于孩子的教育问题方面产生不合，就带着四个女儿来到上海。十三岁左右的国琼跟着董竹君闯上海滩，她一边念书一边照顾三个妹妹，虽然艰难可是为了得到继续学习音乐的权力，她再苦也能熬住。董竹君则为了一家大小的生活以及孩子的教育发展，她不惧艰辛地开办工厂，还为了招商引资跑去南洋。工厂成功创办之后，董竹君送四个孩子进入很好的学校去学习，这时国琼也进入上海著名的音乐学校。

　　然天有不测风云，在战事的影响下，董竹君创业失败并被捕入狱，全家的生计靠着国琼去给人家当家庭教师维持着，在这么艰难的环境下，国琼不负董竹君的期望更加努力练琴。

她们生活的扭转从董竹君成功创办锦江开始，锦江饭馆的兴隆为四个女儿的学习提供了经济保障。也就在此期间，国琼的钢琴演奏十分成功。

那是在1937年1月，国琼受上海法租界工部局乐队的邀请，去上海兰心大戏院参加钢琴独奏。国琼从十岁开始就练习钢琴，对钢琴有很深的修养，无疑她在上海兰心大戏院成功地完成了出色的钢琴演奏。董竹君看见上海《大公报》称赞国琼的音乐造诣，觉得这是她作为国琼母亲的无上荣耀。

同年2月，上海文化界举办普希金逝世一百周年树立铜像音乐会，此会由宋庆龄为铜像筹备委员会主任，委员有蔡元培等，而负责筹备音乐节目的，在中国方面有任光、冼星海和塞克。

当时，国琼以艺名夏曼蒂参加了通俗唱词，全场气氛热烈且悲壮，而国琼作为主要的钢琴伴奏则更加出名。董竹君时常为她的女儿所创造的成就而感到骄傲，这是属于一个母亲特有的骄傲。

几十年过去，国琼已经成家立业，她也年逾八十，只是她始终认为她的孩子都值得她骄傲，作为她们的母亲她感到荣幸。

董竹君去美国探亲的那段日子，日日都过着舒适且幸福的生活，可是她始终没有忘记友人姜椿芳拜托她的一件事情，那就是让董竹君邀请民族音乐家雅谷·阿甫夏洛穆夫来中国演出。

雅谷·阿甫夏洛穆夫是俄国作曲家阿隆·阿甫夏洛穆夫的儿子，他的父亲在年轻时受到中国民歌和京剧的熏陶而创作了多部中国音乐，得到鲁迅、聂耳等名人的高度赞扬。而雅谷则继续发扬了他父亲的遗志，若是能邀请他到中国出演肯定对中国的音乐和戏剧前途具有极大的意义。

董竹君到达美国之后和国琼商量寻找雅谷的事情，幸好国琼与当地音乐界的人士比较熟悉，多方打听才找到雅谷·阿甫夏洛穆夫的住处。董竹君把姜椿芳的信寄给雅谷。雅谷了解事情的经过之后，表示愿意到中国去开办音乐会。因为他一直想完成他父亲的遗愿，只是当时无法与中国有关部门联系上罢了。

董竹君从美国探亲回国之后，当即与国家文化部、对外友协等联系，随后音乐家协会等主持召开了纪念中国人民的朋友和作曲家阿隆·阿甫夏洛穆夫诞辰九十周年音乐会。董竹君和国瑛到场认真欣赏这场中国民间与宫廷的情调和中国民族音乐特点的音乐会，雅谷不但成功地完成了他父亲的夙愿，还促进了中国民族音乐的发展。

董竹君认为她们为了能够举办这个音乐会促进民族音乐的发展而奔走努力都是值得的，这是一件非常有纪念意义的事情，她与国琼共同努力促成此事也是母女一心的体现。

20世纪90年代初，国璋在寄给董竹君的新年贺卡中，附言感谢董竹君当年将她们带离那个封建闭塞的地方，并千辛万苦让她们接受良好的教育，若她们一直在封建的家庭生长也不会有今日的成就。董竹君的儿女都在感谢她的培养，可是董竹君亦感谢她们，若不是为了她们的教育，或许她还没有足够的勇气走出那个家庭，也不会有日后的传奇。

俗话说慈母严父或严父慈母，可董竹君离开夏家带着四个孩子去上海之后就开始担任慈母和严母的职责。她可以容许孩子做错事情，但她不能容许孩子撒谎。她常常教导孩子要端正思想，切记不能走上歧途。

她的孩子之所以每个都敬重她、爱戴她，皆因董竹君独特的人格魅力以及她对待孩子的态度。她从来都没有把孩子当作她的附属品而是当作一个独立的人，没有限制孩子的个性发展，但会适当给予引导，例如她会带孩子去听鲁迅先生的讲座和带孩子去听音乐会等，这些都是董竹君对孩子的正确引导。

她对待每一个孩子都一视同仁，从来没有偏心谁，那时候有人问她最喜爱哪个孩子，她以一个母亲宽广的胸怀去包容关爱每一个孩子。她对孩子的教育往往以身作则，想要孩子不走上歧途，首先自己的思想要跟上时代，其次自己要自强不息，这才能给孩子带来好影响。而她的孩子也没有辜负一个母亲的用心良苦，他们都敬爱这个带她离开封建家庭、开启崭新人生的母亲！

愿各生欢喜

20 世纪 90 年代，时代风气发生了很大变化，董竹君历经沧桑演绎着她的世纪人生，世纪之风吹开一生的悲喜。若问人世何情能寄，一半憧憬一半回忆，唯有感激多年一路苦乐相依之情，寄予东风无人解！

董竹君年过九十时，早该是看透世事了，可随着年龄的增长她更是看重人情，无论是亲情还是友情都是她晚年格外注重的。可当她收到周总理夫人邓颖超逝世的噩耗时，当即老泪纵横，这些年来，她以长寿者身份看着一个个亲朋好友从自己身边离开人世，无不默哀悲痛。

董竹君在家和国瑛设灵堂哀悼，随后和大明一同去中南海西花厅吊唁。她还记得，她刚搬到北京居住的时候，周总理夫妇邀请她到此花厅相聚，可现在却是人去楼已空，怎不令人触景伤情。

不过她知道，她的邓大姐永远活在她心里，永远活在人民心中。董竹君觉得，自己是出走的"娜拉"，而邓大姐才是巾帼英雄，当年她们在妇女独立运动中相识相知，那么多年来，董竹君一直敬佩无私为民的邓大姐。

董竹君和邓颖超同志一样十分关注妇女独立问题，曾在接受"东方时空"采访时，她坦言自己连续担任七届全国政协委员所作出的提案最多的还是在妇女问题方面。

董竹君：一首激扬的命运交响曲

　　她认为中国妇女生性温顺柔弱，一心都在相夫教子之上，哪里会想到性格决定命运这一点呢？董竹君之所以如此关心妇女问题，与她生活的社会环境有着莫大的关系。小时候她被抵押入堂子卖艺，可她不向不公的命运屈服，而是勇敢地想办法逃出火坑。成家之后，她又靠着自己坚强的毅力和坚定的信念挣开夏家这个封建大家庭的藩篱。

　　后来董竹君创办锦江二店之后，首先在锦江茶室公开招聘女服务员，她的举动轰动了整个上海滩。她招聘女服务员的原因，是想提倡女权，而且她那时候有能力为妇女的独立做一些事情。她知道，若是想让妇女独立，必先让她在经济上独立，再者要在思想上启发她独立，这才是真正的独立。

　　董竹君为了让妇女问题得到社会的广泛关注，她极力投资创办《妇女杂志》，她想让妇女获得平等的社会地位，这也是时代发展的需要。后来，她自己投身革命，解放中国是她的夙愿。上海解放之后，她慷慨大义地把锦江两店贡献出去，她不谈财不恋权，她只是想用如竹子般的坚韧姿态去过好这一生。

　　人走到了晚年，但愿不为世上的大悲大喜所击垮。董竹君到了晚年秉持着"随遇而安"的信念，她认为生活就是要经过许许多多的坎坷挫折，唯有随遇而安才能安然到最后。

　　董竹君的一生从 20 世纪初走到了 20 世纪 90 年代末，她一生的悲欢离合走了近一个世纪。她的世纪人生也是社会变化的最好见证，或许人们在佩服她走过的传奇之路外，还想探寻她的养生长寿之道。

她活到九十多岁时生活还能自理，从来都不会事事依靠保姆或亲人，自己能够做的事情尽量自己去做。若是发现自己哪方面正在退化，她就会加强每日锻炼。值得一谈的是，董竹君极其注意卫生清洁，从来不乱用化妆品，并且保持充足的睡眠，不吃不新鲜的食物等。

科学的生活方式、良好的心理调节和舒适的居家环境等都是董竹君健康长寿的秘诀，可是看似简单的事情人们却难以耐心做到。

董竹君是上海滩的一个传奇女子，和许许多多平凡的女人一般做着不平凡的梦，只是她的梦想在她手中实现了。她不但拥有长寿，还拥有这人间的许多感情。若是她单单是一个为了个人生存而勇闯上海滩的女子，也许早就淹没在上海的十里洋场之中，又怎能传于后世呢？

她一生所经历的事情，足以让她以守望者的身份而存在。她生于晚清，她的成长历经了辛亥革命、五四运动、八年抗战、解放战争以及新中国的建立的发展。社会风云变幻，不管她是作为一个母亲还是一个商人，抑或是一个革命者，光景变幻之间，她始终坚定自己前进的步伐，紧紧抓住时代的脉搏并且做出贡献，这些都是她身为一个女子所做的了不起的事情！

人生而为女子，在生活中无论遭遇什么困境，都应该活成董竹君那般坚韧而练达的样子。有时候，我们懂得许许多多的道理，可依旧过不好这一生，或许是因为我们从来就没有付出行动，坐以待毙是这世上最差劲的事情。像董竹君那般，在爱情面前要维持人格的独立，不依附、不堕落，想办法在逆境中重生！

贾宝玉说，女人是水做的骨肉。当然，女人可以如水般温润而包容，可情势下，女人也可以奔赴大海激起千层浪！

董竹君的一生，于人生她从来都没有辜负，唯有对爱有一点遗憾。

她与夏之时离婚之后，一生不再嫁。那个生如夏花般绚烂的夏之时，曾经也是辛亥革命的功臣，是人民的大英雄，可他的死却没能像秋叶那般静美，而是含冤而亡。

20 世纪 80 年代末，董竹君向邓颖超同志提案为夏之时的冤案平反。不久之后，中央统战部迅速批准下去查明夏之时冤案的因果，最后为其昭雪恢复其辛亥功臣的荣誉。这或许是董竹君能为他做的最后一件事情，此后但愿各生欢喜。

当年她能够在危难之中毅然投身夏之时的怀抱，是因为她勇敢有胆识，更是因为爱；后来，爱情之中心字成灰，她没有为了那个封建的大家庭而委曲求全，而是为了孩子的未来，也为了自己的独立，她决然离婚独自勇闯上海滩。

人之所以为人，无非是有独立的感情以及独立的人格，活在这世上，若是靠着依附过活，即使多么的光鲜也是惘然，董竹君所走过的跌宕起伏的一生就是我们最好的榜样！

她活了近一个世纪，勇敢而坚韧地走过耿介的一生，在

乱世之中，她不但谋爱，更是谋生，她所成就的不单单是她
自己，还有这传奇！

　　进入晚年，董竹君还写下 40 万字的自传《我的一个世
纪》。她在自传中说，"我从不因被曲解改变初衷，不因冷落
而怀疑信念，亦不因年迈而放慢脚步。"一个世纪很长，因为
它足够让一个国家从衰败走向富强。一个世纪又很短，因为
它的长度仅仅是一个非凡女性——董竹君的一生。

　　1997 年，与 20 世纪同龄的董竹君刚好 97 岁，她在其住
所接受中央电视台《读书时间》栏目的专访。主持人感佩她
坎坷一生、屡经磨难却一直健朗如初。主持人问她："余生还
有什么愿望?"董竹君回答说："我希望再活十年吧。……我
还可以做事呀，不是不能做事呀。人家说你一百岁的人了，
还要七讲八讲。我说不管它一百岁、两百岁，我还在想办个
幼儿园。我觉得晚年没有做成功这个幼儿园，心里是很遗憾
的，一直在这里欠着。"该专访节目播出 56 分钟之后，董竹
君因病在北京逝世。

　　九十七载春秋，换一眼花开花落，一生一世人间路，辗
转一生多闯荡，物是人非事已休。此去经年，独立世间，阅
尽世纪兴衰与沉浮，繁华落身后。

　　谁曾问，十里洋场心酸路。

　　谁曾见，锦江解放促发展。

　　谁曾懂，竹中君子玫瑰梦。

　　在董竹君弥留之际，她让小女儿在她入葬时播放那首

《夏天最后一朵玫瑰》，这首歌是她在日本流亡时从窗外听到的一个年轻人吹笛子时所吹的曲子，当时夏之时还为此生气，歌词是："夏天最后一朵玫瑰还在孤独地开放，所有她可爱的伴侣都已凋谢死亡。再也没有鲜花陪伴在她的身旁。映照她鲜红的脸庞和她一起叹息悲伤。"她一生经历这么多曲折，而告别人世时却如此安详平和，她用这首歌给自己的人生画上了一个完整的句号。